ISBN 978-0-266-71470-5
PIBN 10979646

This book is a reproduction of an important historical work. Forgotten Books uses
state-of-the-art technology to digitally reconstruct the work, preserving the original format
whilst repairing imperfections present in the aged copy. In rare cases, an imperfection in
the original, such as a blemish or missing page, may be replicated in our edition. We do,
however, repair the vast majority of imperfections successfully; any imperfections that
remain are intentionally left to preserve the state of such historical works.

CIHM/ICMH
Microfiche
Series.

CIHM/ICMH
Collection de
microfiches.

ute for Historical Microreproductions / Institut canadien de microreproducti

The Institute has attempted to obtain the best
original copy available for filming. Features of this
copy which may be bibliographically unique,
which may alter any of the images in the
reproduction, or which may significantly change
the usual method of filming, are checked below.

L'Instit
qu'il lui
de cet
point d
une im
modific
sont in

☐ Coloured covers/
Couverture de couleur

☐ C
P

☐ Covers damaged/
Couverture endommagée

☐ P
P

☐ Covers restored and/or laminated/
Couverture restaurée et/ou pelliculée

☐ P
P

☐ Cover title missing/
Le titre de couverture manque

☑ P
P

☐ Coloured maps/
Cartes géographiques en couleur

☐ P
P

☐ Coloured ink (i.e. other than blue or black)/
Encre de couleur (i.e. autre que bleue ou noire)

☑ S
T

☐ Coloured plates and/or illustrations/
Planches et/ou illustrations en couleur

☐ Q
Q

☐ Bound with other material/
Relié avec d'autres documents

☐ In
C

☐ Tight binding may cause shadows or distortion
along interior margin/
La reliure serrée peut causer de l'ombre ou de la
distortion le long de la marge intérieure

☐ O
S

☐ P
si
e

☐ Blank leaves added during restoration may
appear within the text. Whenever possible, these
have been omitted from filming/
Il se peut que certaines pages blanches ajoutées
lors d'une restauration apparaissent dans le texte,
mais, lorsque cela était possible, ces pages n'ont
pas été filmées.

L
o
e
o

L'exemplaire filmé fut reproduit grâce à la
générosité de:

Vancouver Public Library

Les images suivantes ont été reproduites avec le
plus grand soin, compte tenu de la condition et
de la netteté de l'exemplaire filmé, et en
conformité avec les conditions du contrat de
filmage.

Les exemplaires originaux dont la couverture en
papier est imprimée sont filmés en commençant
par le premier plat et en terminant soit par la
dernière page qui comporte une empreinte
d'impression ou d'illustration, soit par le second
plat, selon le cas. Tous les autres exemplaires
originaux sont filmés en commençant par la
première page qui comporte une empreinte
d'impression ou d'illustration et en terminant par
la dernière page qui comporte une telle
empreinte.

Un des symboles suivants apparaîtra sur la
dernière image de chaque microfiche, selon le
cas: le symbole ➝ signifie "A SUIVRE", le
symbole ▽ signifie "FIN".

Les cartes, planches, tableaux, etc., peuvent être
filmés à des taux de réduction différents.
Lorsque le document est trop grand pour être
reproduit en un seul cliché, il est filmé à partir
de l'angle supérieur gauche, de gauche à droite,
et de haut en bas, en prenant le nombre
d'images nécessaire. Les diagrammes suivants
illustrent la méthode.

3   1

TRIBUNAL ARBITRAL

DES

PÊCHERIES DE BEHRING

23 FÉVRIER—15 AOÛT 1893,

SENTENCE, DÉCLARATIONS

ET PROTOCOLES DES SÉANCES

PARIS

IMPRIMERIE NATIONALE

M DCCC XCIV

TRIBUNAL ARBITRAL

DES

PÊCHERIES DE BEHRING.

———

TABLE.

SENTENCE

DU

TRIBUNAL D'ARBITRAGE

CONSTITUÉ

EN VERTU DU TRAITÉ CONCLU À WASHINGTON,

LE 29 FÉVRIER 1892,

ENTRE

LES ÉTATS-UNIS D'AMÉRIQUE

ET SA MAJESTÉ LA REINE DU ROYAUME-UNI

DE GRANDE-BRETAGNE ET D'IRLANDE.

SENTENCE

DU

TRIBUNAL D'ARBITRAGE

CONSTITUÉ

EN VERTU DU TRAITÉ CONCLU À WASHINGTON,

LE 29 FÉVRIER 1892,

ENTRE

LES ÉTATS-UNIS D'AMÉRIQUE

ET SA MAJESTÉ LA REINE DU ROYAUME-UNI

DE GRANDE-BRETAGNE ET D'IRLANDE.

Attendu que, par un Traité entre les États-Unis d'Amérique et la Grande-Bretagne, signé à Washington le 29 février 1892, et dont les ratifications par les Gouvernements des deux Pays ont été échangées à Londres le 7 mai 1892, il a été, entre autres stipulations, convenu et réglé que les différends qui avaient surgi entre le Gouvernement des États-Unis d'Amérique et le Gouvernement de Sa Majesté Britannique, au sujet des droits de juridiction des États-Unis dans les eaux de la mer de Behring, et aussi relativement à la réservation des phoques à fourrure habitant ou fréquentant ladite mer et aux droits des citoyens et des sujets des deux Pays en ce qui concerne la capture des phoques à fourrure se trouvant dans lesdites eaux ou les fréquentant, seraient soumis à un Tribunal d'Arbitrage composé de sept Arbitres, qui seraient nommés de la manière suivante, savoir : deux Arbitres seraient désignés par le Président des États-Unis; deux Arbitres seraient désignés par Sa Majesté Britannique; Son Excellence le Président de la République Française serait prié, d'un commun accord, par les Hautes Parties contractantes de désigner un Arbitre; Sa Majesté le Roi d'Italie serait prié de la même manière de désigner un Arbitre; Sa Majesté le Roi de Suède et de Norvège serait prié de la même manière de désigner un Arbitre : les sept Arbitres ainsi nommés devant être des jurisconsultes d'une réputation distinguée dans leurs pays respectifs, et les Puissances auxquelles leur désignation serait remise devant être priées de choisir, autant que possible, des jurisconsultes sachant la langue anglaise;

Et attendu qu'il a été pareillement convenu, par l'article II dudit Traité, que les Arbitres se réuniraient à Paris dans les vingt jours qui suivraient la remise des contre-mémoires mentionnés à l'article IV, qu'ils examineraient et décideraient avec impartialité et soin les questions qui leur étaient ou qui leur seraient soumises dans les conditions prévues par ledit Traité, de la part des Gouvernements des États-Unis et de Sa Majesté Britannique respectivement, et que toutes les questions examinées par le Tribunal, y compris la sentence finale, seraient décidées par les Arbitres à la majorité absolue des voix;

Et attendu que, par l'article VI dudit Traité, il a été pareillement convenu ce qui suit :

« En vue de la décision des questions soumises aux Arbitres, il est « entendu que les cinq points suivants leur seront soumis, afin que « leur sentence comprenne une décision distincte sur chacun desdits « cinq points, savoir :

« 1. Quelle juridiction exclusive dans la mer aujourd'hui connue sous « le nom de mer de Behring et quels droits exclusifs sur les pêcheries « de phoques dans cette mer la Russie a-t-elle affirmés et exercés avant « et jusqu'à l'époque de la cession de l'Alaska aux États-Unis?

« 2. Jusqu'à quel point la revendication de ces droits de juridiction « en ce qui concerne les pêcheries de phoques a-t-elle été reconnue et « concédée par la Grande-Bretagne?

« 3. L'espace de mer aujourd'hui connu sous le nom de mer de Behring
« était-il compris dans l'expression *Océan Pacifique*, telle qu'elle a été
« employée dans le texte du Traité conclu en 1825 entre la Grande-
« Bretagne et la Russie, et quels droits, si droits il y avait, la Russie
« a-t-elle possédés et exclusivement exercés dans la mer de Behring après
« ledit Traité?

« 4. Tous les droits de la Russie, en ce qui concerne la juridiction
« et en ce qui concerne les pêcheries de phoques, dans la partie de la
« mer de Behring qui s'étend à l'Est de la limite maritime déterminée
« par le Traité du 30 mars 1867 entre les États-Unis et la Russie, ne
« sont-ils pas intégralement passés aux États-Unis en vertu de ce même
« Traité?

« 5. Les États-Unis ont-ils quelque droit, et, en cas d'affirmative,
« quel droit ont-ils, soit à la protection, soit à la propriété des pho-
« ques à fourrure qui fréquentent les îles appartenant aux États-Unis
« dans la mer de Behring, quand ces phoques se trouvent en dehors
« de la limite ordinaire de trois milles?

Et attendu que, par l'article VII dudit Traité, il a été pareillement
convenu ce qui suit :

« Si la décision des questions qui précèdent, en ce qui concerne la
« juridiction exclusive des États-Unis, laisse les choses en tel état que le
« concours de la Grande-Bretagne soit nécessaire pour l'établissement
« de Règlements en vue de la protection et de la préservation conve-
« nables des phoques à fourrure habitant ou fréquentant la mer de
« Behring, les Arbitres auront à déterminer quels Règlements communs
« sont nécessaires, en dehors des limites de la juridiction des Gouver-
« nements respectifs, et sur quelles eaux ces Règlements devraient s'ap-
« pliquer...

« Les Hautes Parties contractantes s'engagent en outre à unir leurs
« efforts pour obtenir l'adhésion d'autres Puissances à ces Règlements » ;

Et attendu que, par l'article VIII dudit Traité, après avoir exposé que
les Hautes Parties contractantes n'avaient pu s'entendre sur une formule
qui comprît la question des responsabilités à la charge de l'une d'elles,
à raison des préjudices allégués avoir été causés à l'autre, ou aux
citoyens de l'autre, à l'occasion des réclamations présentées et soutenues par ladite Partie, et qu'elles désiraient que cette question

« secondaire ne sus,endît ou ne retardât pas ,lus longtem,s la pro-
« duction et la décision des questions ,rinci,ales », les Hautes Parties
« contractantes sont convenues que « chacune d'elles ,ourrait soumettre
« aux Arbitres toute question de fait im,liquée dans lesdites réclama-
« tions et demander une décision à cet égard, a,rès quoi la question
« de la res,onsa,ilité de chacun des deux Gouvernements à raison
« des faits établis serait matière à négociations ultérieures »;

Et attendu que le Président des États-Unis d'Amérique a désigné
l'Honorable JOHN M. HARLAN, Juge de la Cour Su,rême des États-Unis,
et l'Honora,le JOHN T. MORGAN, Sénateur des États-Unis, ,our être
deux desdits Arbitres; que Sa Majesté Britannique a désigné le Très
Honora,le Lord HANNEN et l'Honorable Sir JOHN THOMPSON, Ministre de
la Justice et Attorney General ,our le Canada, ,our être deux desdits
Arbitres; que Son Excellence le Président de la République Française a
désigné le Baron ALPHONSE DE COURCEL, Sénateur, Ambassadeur de
France, ,our être un desdits Arbitres; que Sa Majesté le Roi d'Italie a
désigné le Marquis EMILIO VISCONTI VENOSTA, ancien Ministre des
Affaires étrangères et Sénateur du Royaume d'Italie, ,our être un desdits
Arbitres, et que Sa Majesté le Roi de Suède et de Norvège a désigné
M. GREGERS GRAM, Ministre d'État, ,our être un desdits Arbitres;

Et attendu que Nous susnommés, Arbitres désignés et investis de
la manière qui vient d'être relatée, ayant accepté de prendre la charge
de cet Arbitrage, et Nous étant dûment réunis à Paris, avons procédé
avec impartialité et soin à l'examen et à la décision de toutes les
questions qui ont été soumises à Nous, Arbitres susnommés, en vertu
dudit Traité, ou à Nous ,résentées, au nom des Gouvernements des
États-Unis et de Sa Majesté Britannique respectivement, de la manière
,révue par ledit Traité;

NOUS ARBITRES susnommés, ayant examiné avec impartialité et soin
lesdites questions, décidons et prononçons de même, sur lesdites
questions, par notre ,résente Sentence, de la manière qui suit, à
savoir :

En ce qui concerne les cinq ,oints mentionnés dans l'article VI et sur chacun desquels notre jugement doit comprendre une décision distincte, Nous décidons et prononçons ce qui suit :

Sur le premier des cinq points susdits, Nous, Arbitres susnommés, le Baron DE COURCEL, le Juge HARLAN, Lord HANNEN, Sir JOHN THOMPSON, le Marquis VISCONTI VENOSTA, et M. GREGERS GRAM, constituant la majorité des Arbitres, décidons et prononçons ce qui suit :

Par l'Ukase de 1821 la Russie a revendiqué des droits de juridiction, dans la mer connue aujourd'hui sous le nom de mer de Behring, jusqu'à la distance de cent milles italiens au large des côtes et îles lui appartenant; mais, au cours des négociations qui ont abouti à la conclusion des Traités de 1824 avec les États-Unis et de 1825 avec la Grande-Bretagne, elle a admis que sa juridiction dans ladite mer serait limitée à une portée de canon de la côte; et il apparaît que, depuis cette époque jusqu'à l'époque de la cession de l'Alaska aux États-Unis, elle n'a jamais affirmé en fait ni exercé aucune juridiction exclusive dans la mer de Behring, ni aucun droit exclusif sur les pêcheries de phoques à fourrure dans ladite mer, au delà des limites ordinaires des eaux territoriales.

Sur le second des cinq points susdits, Nous, Arbitres susnommés, le Baron DE COURCEL, le Juge HARLAN, Lord HANNEN, Sir JOHN THOMPSON, le Marquis VISCONTI VENOSTA, et M. GREGERS GRAM, constituant la majorité des Arbitres, décidons et prononçons que la Grande-Bretagne n'a reconnu ni concédé à la Russie aucun droit à une juridiction exclusive sur les pêcheries de phoques dans la mer de Behring, en dehors des eaux territoriales ordinaires.

Sur le troisième des cinq points susdits, et quant à la partie dudit troisième point où Nous est soumise la question de savoir si l'espace de mer aujourd'hui connu sous le nom de mer de Behring était compris dans l'expression *Océan Pacifique* telle qu'elle a été employée dans le texte du Traité de 1825 entre la Grande-Bretagne et la Russie, Nous, Arbitres susnommés, décidons et prononçons à l'unanimité que l'espace de mer aujourd'hui connu sous le nom de mer de Behring était compris dans l'expression *Océan Pacifique* telle qu'elle a été employée dans ledit Traité.

Et quant à la partie dudit troisième point d'après laquelle Nous avons à décider quels droits, si droits il y avait, la Russie a possédés et exclusivement exercés après ledit Traité de 1825, Nous, Arbitres susnommés, le Baron DE COURCEL, le Juge HARLAN, Lord HANNEN, Sir JOHN THOMPSON, le Marquis VISCONTI VENOSTA, et M. GREGERS GRAM, constituant la majorité des Arbitres, décidons et prononçons que la Russie n'a possédé ni exercé, après le Traité de 1825, aucun droit exclusif de juridiction dans la mer de Behring ni aucun droit exclusif sur les pêcheries de phoques dans cette mer, au delà de la limite ordinaire des eaux territoriales.

Sur le quatrième des cinq points susdits, Nous, Arbitres susnommés, décidons et prononçons à l'unanimité que tous les droits de la Russie, en ce qui concerne la juridiction et en ce qui concerne les pêcheries de phoques, dans la partie de la mer de Behring qui s'étend à l'Est de la limite maritime déterminée par le Traité du 30 mars 1867 entre les États-Unis et la Russie, sont intégralement passés aux États-Unis en vertu de ce même Traité.

Sur le cinquième des cinq points susdits, Nous, Arbitres susnommés, le Baron DE COURCEL, Lord HANNEN, Sir JOHN THOMPSON, le Marquis VISCONTI VENOSTA, et M. GREGERS GRAM, constituant la majorité des Arbitres, décidons et prononçons que les États-Unis n'ont aucun droit de protection ou de propriété sur les phoques à fourrure qui fréquentent les îles appartenant aux États-Unis dans la mer de Behring, quand ces phoques se trouvent en dehors de la limite ordinaire de trois milles.

Et attendu que les décisions ci-dessus relatées, sur les questions concernant la juridiction exclusive des États-Unis mentionnées dans l'article VI, laissent les choses en état tel que le concours de la Grande-Bretagne est nécessaire pour l'établissement de Règlem   en vue de la protection et de la préservation convenables des phoques à fourrure habitant ou fréquentant la mer de Behring, le Tribunal ayant décidé à la majorité absolue des voix sur chacun des Articles des Règlements qui suivent, Nous, Arbitres susnommés, le Baron DE COURCEL, Lord HANNEN, le Marquis VISCONTI VENOSTA, et M. GREGERS GRAM, donnant notre assentiment à l'ensemble des articles des Règlements qui suivent, et constituant la majorité absolue des

Arbitres, décidons et prononçons, d'après le mode prescrit par le
Traité, que les Règlements communs qui suivent, applicables en dehors
des limites de la juridiction des Gouvernements respectifs, sont nécessaires, et qu'ils doivent s'étendre sur les eaux ci-après déterminées.

ARTICLE 1er.

Les Gouvernements des États-Unis et de la Grande-Bretagne interdiront à leurs citoyens et sujets respectifs de tuer, prendre ou poursuivre, en tout temps et de quelque manière que ce soit, les animaux
communément appelés phoques à fourrure, dans une zone de soixante
milles autour des îles Pribilov, en y comprenant les eaux territoriales.

Les milles mentionnés dans le paragraphe précédent sont des milles
géographiques de soixante au degré de latitude.

ARTICLE 2.

Les deux Gouvernements interdiront à leurs citoyens et sujets respectifs de tuer, prendre ou poursuivre les phoques à fourrure, de
quelque manière que ce soit, pendant la saison s'étendant chaque
année du 1er mai au 31 juillet inclusivement, sur la haute mer, dans la
partie de l'Océan Pacifique, en y comprenant la mer de Behring,
qui est sise au Nord du 35e degré de latitude Nord, et à l'Est du
180e degré de longitude de Greenwich jusqu'à sa rencontre avec
la limite maritime décrite dans l'article Ier du Traité de 1867 entre
les États-Unis et la Russie, et ensuite à l'Est de cette ligne jusqu'au
détroit de Behring.

ARTICLE 3.

Pendant la période de temps et dans les eaux où la pêche des phoques
à fourrure demeurera permise, les navires à voiles seront seuls admis à
l'exercer ou à s'associer aux opérations de cette pêche. Ils auront cependant la faculté de se faire assister par des pirogues ou autres embarcations non pontées, mues par des pagaies, des rames ou des voiles,
du genre de celles qui sont communément employées comme bateaux
de pêche.

ARTICLE 4.

Tout navire à voiles autorisé à se livrer à la pêche des phoques à fourrure devra être muni d'une licence spéciale délivrée à cet effet par son Gouvernement et devra porter un pavillon distinctif qui sera déterminé par ledit Gouvernement.

ARTICLE 5.

Les patrons des navires engagés dans la pêche des phoques à fourrure devront mentionner exactement sur leurs livres de bord la date et le lieu de chaque opération de pêche des phoques à fourrure, ainsi que le nombre et le sexe des phoques capturés chaque jour. Ces mentions devront être communiquées par chacun des deux Gouvernements à l'autre à la fin de chaque saison de pêche.

ARTICLE 6.

L'emploi des filets, des armes à feu et des explosifs sera interdit dans la pêche des phoques à fourrure. Cette restriction ne s'appliquera pas aux fusils de chasse, quand cette pêche sera pratiquée en dehors de la mer de Behring et pendant la saison où elle pourra être légitimement exercée.

ARTICLE 7.

Les deux Gouvernements prendront des mesures en vue de contrôler l'aptitude des hommes autorisés à exercer la pêche des phoques à fourrure; ces hommes devront être reconnus aptes à manier avec une habileté suffisante les armes au moyen desquelles cette pêche pourra être faite.

ARTICLE 8.

Les Règlements contenus dans les précédents articles ne s'appliqueront pas aux Indiens habitant sur les côtes du territoire des États-Unis ou de la Grande-Bretagne et pratiquant la pêche des phoques à fourrure dans des pirogues ou embarcations non pontées, non transportées par d'autres navires, ni employées à l'usage de ceux-ci, mues exclusivement à l'aide de pagaies, d'avirons ou de voiles, et manœuvrées chacune par cinq personnes au plus, de la manière jusqu'à présent usitée par les Indiens; pourvu que ceux-ci ne soient pas engagés au service d'autres personnes, et qu'alors qu'ils chassent ainsi dans des pirogues ou embarcations non pontées, ils ne poursuivent pas les phoques à fourrure, en dehors des eaux territoriales, en vertu d'engagements contractés pour la livraison des peaux à une personne quelconque.

Cette exception n'aura pas pour effet de porter atteinte à la législation nationale de l'un ou de l'autre des deux pays; elle ne s'étendra pas aux eaux de la mer de Behring, ni aux eaux des passes Aléoutiennes.

Aucune des dispositions qui précèdent n'a pour objet de s'opposer à ce que les Indiens soient employés, comme chasseurs ou à tout autre titre, ainsi qu'ils l'ont été jusqu'à présent, sur des navires se livrant à la poursuite des phoques à fourrure.

ARTICLE 9.

Les Règlements communs établis par les Articles précédents, en vue de la protection et de la préservation des phoques à fourrure, demeureront en vigueur jusqu'à ce qu'ils aient été en tout ou partie abolis ou modifiés par un accord entre les Gouvernements des États-Unis et de la Grande-Bretagne.

Lesdits Règlements communs seront soumis tous les cinq ans à un nouvel examen, pour que les deux Gouvernements intéressés se trouvent en mesure d'apprécier, à la lumière de l'expérience acquise, s'il y a lieu d'y apporter quelque modification.

Et attendu que le Gouvernement de Sa Majesté Britannique a soumis au Tribunal d'Arbitrage, par application de l'Article VIII dudit Traité, certaines questions de fait impliquées dans les réclamations dont il est fait mention audit Article VIII, et a soumis également à Nous, formant ledit Tribunal, un exposé des faits dans les termes suivants :

«Conclusions de fait proposées par l'Agent de la Grande-Bretagne, «acceptées par l'Agent des États-Unis, qui en admet l'exactitude, et «soumises à l'examen du Tribunal d'Arbitrage :

« 1. Que les diverses visites et saisies de navires ou de marchandises « et les diverses arrestations de patrons et d'équipages, mentionnées

« dans l'Annexe au Mémoire Britannique, pages 1 à 60 inclusivement,
« ont été faites par autorité du Gouvernement des États-Unis; les ques-
« tions se rapportant à la valeur desdits navires ou de leur contenu,
« ensemble ou séparément, et la question de savoir si les navires dési-
« gnés dans l'Annexe au Mémoire Britannique, ou certains d'entre
« eux, étaient, en totalité ou en partie, la propriété de citoyens des
« États-Unis, ont été retirées et n'ont pas été l'objet de l'examen du
« Tribunal, sous cette réserve que les États-Unis gardent le droit de
« soulever ces questions ou quelqu'une d'entre elles, s'ils le jugent à
« propos, dans toute négociation ultérieure pouvant engager la res-
« ponsabilité du Gouvernement des États-Unis, en ce qui touche le
« payement des sommes mentionnées dans l'Annexe au Mémoire Britan-
« nique;

« 2. Que les susdites saisies, sauf en ce qui concerne le *Pathfinder,*
« saisi à Neah-Bay, ont été effectuées dans la mer de Behring, aux
« disances de la côte mentionnées au tableau ci-annexé, sous la lettre C;

« 3. Que lesdites visites et saisies de navires ont été faites par des
« navires armés pour le service public des États-Unis, dont les com-
« mandants avaient reçu, toutes les fois qu'elles ont eu lieu, du
« pouvoir exécutif du Gouvernement des États-Unis, des instructions
« dont un exemplaire est reproduit en copie ci-après (annexe A), les
« autres exemplaires desdites instructions étant conformes à ce modèle
« sur les points essentiels; que, dans toutes les occasions où des pour-
« suites entamées devant les Cours de district des États-Unis ont été
« suivies de condamnations, ces poursuites ont débuté par le dépôt
« d'un acte d'accusation, dont un modèle est annexé ci-dessous (an-
« nexe B), les actes d'accusation déposés dans les autres procédures
« étant, en tous points essentiels, semblables à ce modèle; que les
« actes ou délits, allégués comme motifs de ces visites et saisies, ont été
« accomplis ou commis dans la mer de Behring, aux distances de la
« côte déjà indiquées; que, dans tous les cas où une condamnation a
« été prononcée, excepté ceux où les navires ont été relâchés après con-
« damnation, la saisie a été approuvée par le Gouvernement des États-
« Unis, et que, dans les cas où les navires ont été relâchés, la saisie
« avait été opérée par autorité du Gouvernement des États-Unis; que
« les amendes et emprisonnements susdits ont été prononcés à raison
« d'infractions aux lois nationales des États-Unis, infractions toutes

« commises dans la mer de Behring, aux distances de la côte déjà in-
« diquées ;

« 4. Que les différents ordres mentionnés dans l'annexe ci-jointe sous
« la lettre C, enjoignant à certains navires de quitter la mer de Behring
« ou de ne pas y entrer, ont été donnés par des navires armés pour le
« service public des États-Unis, dont les commandants avaient, toutes les
« fois qu'ils ont donné ces ordres, des instructions conformes à celles
« mentionnées ci-dessus, sous le n° 3, et que les navires qui ont reçu
« ces injonctions étaient occupés à la chasse des phoques ou faisaient
« route pour entreprendre cette chasse; et que cette façon de procéder
« a été sanctionnée par le Gouvernement des États-Unis;

« 5. Que les Cours de district des États-Unis, devant lesquelles
« des poursuites ont été entamées ou suivies pour obtenir des condam-
« nations contre les navires saisis dont il est fait mention dans l'Annexe
« au Mémoire de la Grande-Bretagne, pages 1 à 60 inclusivement,
« avaient tous droits de juridiction et pouvoirs appartenant aux Cours
« d'amirauté, y compris la juridiction de tribunaux de prises, mais que,
« dans chaque cas particulier, la sentence prononcée par la Cour s'ap-
« puyait sur les causes mentionnées dans l'acte d'accusation.

« ANNEXE A.

« (TRADUCTION.)

« Département du Trésor, cabinet du Secrétaire.

« Vashington, 21 avril 1886.

« Monsieur, comme suite à une lettre du Département, en date de ce jour, vous
« enjoignant de vous diriger avec le vapeur du service des douanes *Bear*, placé sous
« votre commandement, vers les îles aux phoques, vous êtes par les présentes investi
« de tous les pouvoirs nécessaires pour assurer l'exécution de la loi dont les termes
« sont contenus dans la section 1956 des Statuts revisés des États-Unis, et ordre vous
« est donné de saisir tout navire et d'arrêter et livrer aux autorités compétentes
« tout individu ou toutes personnes que vous trouveriez agissant en violation de la loi
« susmentionnée, après qu'un avertissement suffisant leur aura été donné.
« Vous saisirez également tous spiritueux et armes à feu que l'on chercherait à intro-
« duire dans le pays sans une permission en règle, en exécution de la Section 1955
« des Statuts revisés et de la proclamation du Président en date du 4 février 1870.
« Respectueusement à vous.

« Signé : C. S. FAIRCHILD,
« Secrétaire par intérim.

« *Au capitaine M. A. HEALY, commandant le vapeur du service des douanes* Bear. *à San*
« *Francisco (Californie).* »

« Annexe B.

« (*TRADUCTION.*)

« DEVANT LA COUR DE DISTRICT DES ÉTATS-UNIS POUR LE DISTRICT D'ALASKA.

« SESSION (*SPÉCIAL TERM*) D'AOÛT 1886.

« A l'Honorable LAFAYETTE DAWSON, juge de ladite Cour de district.

« Le réquisitoire à fin d'information par lequel M. D. Ball, Attorney des États-Unis
« pour le district d'Alaska, poursuivant au nom des États-Unis et présent ici devant la
« Cour, en sa personne, comme représentant des États-Unis et en leur nom, contre
« la goélette *Thornton*, ses agrès, apparaux, embarcations, cargaison et matériel, et
« contre toutes personnes intervenant comme ayant des intérêts engagés dans ce
« navire, en poursuite à fin de confiscation, présente les allégations et déclarations
« suivantes :

« Que Charles A. Abbey, officier du service des douanes maritimes des États-Unis,
« chargé d'une mission spéciale dans les eaux du district d'Alaska, antérieurement ou
« présent jour, à savoir le 1er août 1886, dans les limites du territoire d'Alaska et dans
« ses eaux, et dans les limites du district civil et judiciaire d'Alaska, à savoir dans l'é-
« tendue des eaux de cette partie de la mer de Behring qui appartient audit district, dans
« des eaux navigables pour des navires venant de la haute mer et jaugeant 10 tonneaux
« ou au-dessus, a saisi le vaisseau ou navire communément dénommé goélette, le
« *Thornton*, ses agrès, apparaux, embarcations, cargaison et matériel, lesquels étaient
« la propriété d'une ou de plusieurs personnes inconnues dudit Attorney, et les a con-
« fisqués au profit des États-Unis pour les causes ci-après :

« Que ledit navire ou goélette a été trouvé se livrant à la destruction des phoques
« à fourrure, dans les limites du territoire d'Alaska et de ses eaux, en violation des
« dispositions de la Section 1956 des Statuts revisés des États-Unis ;

« Et ledit Attorney déclare que toutes les propositions ci-dessus énoncées et cha-
« cune d'elles sont et étaient vraies, et qu'elles tombent sous la juridiction mari-
« time et d'amirauté de cette Cour, et que, pour cette raison, et en exécution des
« Statuts des États-Unis établis et édictés pour de tels cas, le navire ou la goélette
« mentionnée et décrite ci-dessus, jaugeant plus de 20 tonneaux, ses agrès, apparaux,
« embarcations, cargaison et matériel ont été et sont confisqués au profit des États-
« Unis, et que ladite goélette se trouve maintenant dans le district susdit.

« Ce pourquoi ledit Attorney demande que l'honorable Cour de justice procède et
« avise comme d'usage en cette affaire, et que toutes personnes ayant un intérêt dans
« ladite goélette ou navire soient citées par voie d'assignation générale ou spéciale,
« afin de répondre aux propositions susénoncées, et que, à la suite de la procédure
« à ce nécessaire, ledit navire ou goélette, ses agrès, apparaux, embarcations, car-
« gaison et matériel soient condamnés pour ladite cause ou toute autre qu'il apparaîtrait
« juste, par arrêt formel et décret de cette honorable Cour, et confisqués au profit
« desdits États-Unis, selon la forme des Statuts desdits États-Unis, établis et édictés
« pour de tels cas.

« Signé : M. D. BALL,

« Attorney des États-Unis pour le district d'Alaska. »

« Annexe C.

« La tablé ci-dessous contient les noms des navires britanniques em)loyés à la
« chasse des)hoques, qui ont été saisis ou avertis par les croiseurs du Service des
« Douanes des États-Unis, de 1886 à 1890, et la distance approximative de la
« terre où ces saisies ont eu lieu. Ces distances sont indiquées, en ce qui concerne
« les navires *Carolena, Thornton* et *Onward*, d'a)rès le témoignage du Commandant
« Abbey, de la Marine des États-Unis (Voir 5o° Congrès, 2° session; Sénat, Docu-
« ments exécutifs, n° 106,)ages 20, 30, 40). Elles sont indiquées, en ce qui con-
« cerne les navires *Anna Beck, W. P, Sayward, Dolphin* et *Grace*, d'a)rès le témoi-
« gnage du ca)itaine She)ard, de la Marine du Trésor des États-Unis (*Livre Bleu*,
« États-Unis, n°2, 1890,)ages 80-82. — Voir : A))endice au Mémoire britannique,
« volume III). »

NOM DU NAVIRE.	DATE DE LA SAISIE.	DISTANCE APPROXIMATIVE DE TERRE au moment de la saisie.	NAVIRE DES ÉTATS-UNIS qui a fait la saisie.
Carolena........	1er août 1886.....	75 milles...........................	Corwin.
Thornton	1er août 1886.....	70 milles....................	Idem.
Onward	2 août 1886......	115 milles.........................	Idem.
Favourite.......	2 août 1886......	Averti par le Corwin, à peu près dans la même position que l'Onward.	
Anna-Beck......	2 juillet 1887....	66 milles...........................	Rush.
W. P.-Sayward..	9 juillet 1887....	59 milles...........................	Idem.
Dolphin	12 juillet 1887...	40 milles...........................	Idem.
Grace..........	17 juillet 1887...	96 milles...........................	Idem.
Alfred-Adams....	10 août 1887.....	62 milles...........................	Idem.
Ada...........	25 août 1887.....	15 milles...........................	Bear.
Triumph........	4 août 1887.....	Averti par le Rush de ne pas entrer dans la mer de Behring.	
Juanita.........	31 juillet 1889...	66 milles...........................	Rush.
Pathfinder	29 juillet 1889...	50 milles...........................	Idem.
Triumph........	11 juillet 1889..	Averti par le Rush d'avoir à quitter la mer de Behring. — Position au moment de l'avertissement : (?)	
Black-Diamond...	11 juillet 1889...	35 milles...........................	Idem.
Lily...........	6 août 1889.....	66 milles...........................	Idem.
Ariel..........	30 juillet 1889...	Averti par le Rush d'avoir à quitter la mer de Behring.	
Kate..........	13 août 1889.....	Averti par le Rush d'avoir à quitter la mer de Behring.	
Minnie.........	15 juillet 1889...	65 milles...........................	Idem.
Pathfinder	27 mars 1890....	Saisi dans la baie de Neah [1]...........	Corwin.

[1] La baie de Neah est située dans l'État de Washington, et le *Pathfinder* y a été saisi, du chef de
délits commis par lui dans la mer de Behring l'année précédente. Ce bâtiment fut relâché deux jours
plus tard.

Et attendu que le Gouvernement de Sa Majesté Britannique a demandé à Nous, Arbitres susnommés, de décider sur lesdites questions

de fait, telles qu'elles résultent de l'exposé susmentionné; que l'Agent et les Conseils du Gouvernement des États-Unis ont, en notre présence et s'adressant à Nous, déclaré que ledit exposé des faits était confirmé par les dépositions des témoins, et qu'ils s'étaient mis d'accord avec l'Agent et les Conseils de Sa Majesté Britannique pour s'en remettre à Nous Arbitres de dire et prononcer véritable, en tant que nous le jugerions à propos, ledit exposé des faits;

Nous, Arbitres susnommés, disons et prononçons à l'unanimité que lesdits faits, tels qu'ils se trouvent dans ledit exposé, sont véritables.

Et attendu que toutes et chacune des questions qui ont été examinées par le Tribunal ont été décidées à la majorité absolue des voix,

Nous, le Baron DE COURCEL, Lord HANNEN, le Juge HARLAN, Sir JOHN THOMPSON, le Sénateur MORGAN, le Marquis VISCONTI VENOSTA et M. GREGERS GRAM, étant entendu que les Arbitres qui se sont trouvés en minorité sur certaines questions ne retirent pas leurs votes, déclarons que le présent acte contient la décision finale et la Sentence écrite du Tribunal, conformément aux prescriptions du Traité.

Fait en double à Paris, et signé par Nous, le quinzième jour d'août de l'année 1893.

ALPH. DE COURCEL.

JOHN M. HARLAN.

JOHN T. MORGAN.

HANNEN.

JNO. S. D. THOMPSON.

VISCONTI VENOSTA.

G. GRAM.

AWARD

OF

THE TRIBUNAL OF ARBITRATION

CONSTITUTED

UNDER THE TREATY CONCLUDED AT WASHINGTON,

THE 29™ OF FEBRUARY 1892,

BETWEEN

THE UNITED STATES OF AMERICA

AND HER MAJESTY THE QUEEN OF THE UNITED KINGDOM

OF GREAT BRITAIN AND IRELAND.

AWARD

OF

THE TRIBUNAL OF ARBITRATION

CONSTITUTED

UNDER THE TREATY CONCLUDED AT WASHINGTON,

THE 29ᵀᴴ OF FEBRUARY 1892,

BETWEEN

THE UNITED STATES OF AMERICA

AND HER MAJESTY THE QUEEN OF THE UNITED KINGDOM

OF GREAT BRITAIN AND IRELAND.

Whereas by a Treaty between the United States of America and Great Britain, signed at Washington, February 29, 1892, the ratifications of which by the Governments of the two Countries were exchanged at London on May the 7ᵗʰ, 1892, it was, amongst other things, agreed and concluded that the questions which had arisen between the Government of the United States of America and the Government of Her Britannic Majesty, concerning the jurisdictional rights of the United States in the waters of Behring's Sea, and concerning also the preservation of the fur-seal in or habitually resorting to the said sea, and the rights of the citizens and subjects of either Country as regards the taking of fur-seals in or habitually resorting to the said waters, should be submitted to a Tribunal of Arbitration to be composed of seven Arbitrators, who should be appointed in the following manner, that is to say : two should be named by the President of the United States; two should be named by Her Britannic Majesty; His Excellency the President of the French Republic should be jointly requested by the High Contracting Parties to name one; His Majesty the King of Italy should be so requested to name one; His Majesty the King of Sweden and Norway should be so requested to name one; the seven Arbitrators to be so named should be jurists of distinguished reputation in their respective Countries, and the selecting Powers should be requested to choose, if possible, jurists who are acquainted with the English language;

And whereas it was further agreed by article II of the said Treaty that the Arbitrators should meet at Paris within twenty days after the delivery of the Counter-Cases mentioned in article IV, and should proceed impartially and carefully to examine and decide the questions which had been or should be laid before them as in the said Treaty provided on the part of the Governments of the United States and of Her Britannic Majesty respectively, and that all questions considered by the Tribunal, including the final decision, should be determined by a majority of all the Arbitrators;

And whereas by article VI of the said Treaty, it was further provided as follows : « In deciding the matters submitted to the said Arbitrators, it is « agreed that the following five points shall be submitted to them in order that « their award shall embrace a distinct decision upon each of said five points, « to wit :

« 1. What exclusive jurisdiction in the sea now known as the Behring's Sea, « and what exclusive rights in the seal fisheries therein, did Russia assert and « exercise prior and up to the time of the cession of Alaska to the United « States?

« 2. How far were these claims of jurisdiction as to the seal fisheries recog- « nized and conceded by Great Britain?

« 3. Was the body of water now known as the Behring's Sea included in the « phrase *Pacific Ocean,* as used in the Treaty of 1825 between Great Britain « and Russia; and what rights, if any, in the Behring's Sea were held and « exclusively exercised by Russia after said Treaty?

« 4. Did not all the rights of Russia as to jurisdiction and as to the seal « fisheries in Behring's Sea east of the water boundary, in the Treaty between « the United States and Russia of the 30th of March 1867, pass unimpaired « to the United States under that Treaty?

« 5. Has the United States any right, and if so, what right of protection or « property in the fur-seals frequenting the islands of the United States in Beh- « ring Sea when such seals are found outside the ordinary three-mile limit? «

And whereas, by article VII of the said Treaty, it was further agreed as fol'ows :

« If the determination of the foregoing questions as to the exclusive juris- « diction of the United States shall leave the subject in such ,osition that the « concurrence of Great Britain is necessary to the establishment of Regulations « for the ,ro,er protection and preservation of the fur-seal in, or habitually « resorting to, the Behring Sea, the Arbitrators shall then determine what con - « current Regulations, outside the jurisdictional limits of the res,ective Go- « vernments, are necessary, and over what waters such Regulations should « extend; »

« The High Contracting Parties furthermore agree to coo,erate in securing « the adhes'on of other Powers to such Regulations; »

And whereas, by article VIII of the said Treaty, after reciting that the High Contracting Parties had found themselves unable to agree u,on a re-ference which should include the question of the liability of each for the injuries alleged to have been sustained by the other, or by its citizens, in connection with the claims ,resented and urged by it, and that « they were solicitous « that this subordinate question should not interru,t or longer delay the sub- « mission and determination of the main questions », the High Contrating Par-ties agreed that « either of them might submit to the Arbitrators any ques- « tion of fact involved in said claims and ask for a finding thereon, the ques- « tion of the liability of either Government u,on the facts found, to be the « subject of further negotiation; »

And whereas the President of the United States of America named The Honourable John. M. Harlan, Justice of the Su,reme Court of the United States, and the Honourable John T. Morgan, Senator of the United States, to be two of the said Arbitrators, and Her Britannic Majesty named The Right Honourable Lord Hannen and The Honourable Sir John Thompson, Minister of Justice and Attorney General for Canada, to be two of the said Arbitrators, and His Excellency the President of the French Re,ublic named the Baron de Courcel, Senator, Ambassador of France, to be one of the said Arbitrators, and His Majesty the King of Italy named the Marquis Emilio Visconti Ve-nosta, former Minister of Foreign Affairs and Senator of the Kingdom of Italy, to be one of the said Arbitrators, and His Majesty the King of Sweden and Norway named Mr Gregers Gram, Minister of State, to be one of the said Arbitrators;

And whereas We, the said Arbitrators, so named and a,,ointed, having taken u,on ourselves the burden of the said Arbitration, and having duly met at Paris, ,roceeded im,artially and carefully to examine and decide all the questions submitted to us the said Arbitrators, under the said Treaty, or laid before us as ,rovided in the said Treaty on the ,art of the Governments of Her Britannic Majesty and the United States respectively;

NOW WE, the said Arbitrators, having impartially and carefully examined the said questions, do in like manner by this our Award decide and determine the said questions in manner following, that is to say, we decide and determine as to the five ,oints mentioned in article VI as to which our Award is to embrace a distinct decision u,on each of them :

As to the first of the said live points, We, the said Baron DE COURCEL, Mr Justice HARLAN, Lord HANNEN, Sir JOHN THOMPSON, Marquis VISCONTI VENOSTA and Mr GREGERS GRAM, being a majority of the said Arbitrators, do decide and determine as follows :

By the Ukase of 1821, Russia claimed jurisdiction in the sea now known as the Behring's Sea, to the extent of 100 Italian miles from the coasts and islands belonging to her, but, in the course of the negotiations which led to the conclusion of the Treaties of 1824 with the United States and of 1825 with Great Britain, Russia admitted that her jurisdiction in the said sea should be restricted to the reach of cannon shot from shore, and it a,,ears that, from that time up to the time of the cession of Alaska to the United States, Russia never asserted in fact or exercised any exclusive jurisdiction in Behring's Sea or any exclusive rights in the seal fisheries therein beyond the ordinary limit of territorial waters.

As to the second of the said five ,oints, We, the said Baron DE COURCEL, Mr Justice HARLAN, Lord HANNEN, Sir JOHN THOMPSON, Marquis VISCONTI VENOSTA and Mr GREGERS GRAM, being a majority of the said Arbitrators, do decide and determine that Great Britain did not recognize or concede any claim, u,on the ,art of Russia, to exclusive jurisdiction as to the seal fisheries in Behring Sea, outside of ordinary territorial waters.

As to the third of the said five ,oints, as to so much thereof as requires us to decide whether the body of water now known as the Behring Sea was included in the ,hrase « Pacific Ocean » as used in the Treaty of 1825 between Great Britain and Russia, We, the said Arbitrators, do unanimously decide and determine that the body of water now known as the Behring Sea was included in the ,hrase « Pacific Ocean » as used in the said Treaty.

And as to so much of the said third point as requires us to decide what rights, if any, in the Behring Sea were held and exclusively exercised by Russia after the said Treaty of 1825, We, the said Baron DE COURCEL, Mr. JUSTICE HARLAN, Lord HANNEN, Sir JOHN THOMPSON, Marquis VISCONTI VENOSTA and Mr. GREGERS GRAM, being a majority of the said Arbitrators, do decide and determine that no exclusive rights of jurisdiction in Behring Sea and no exclusive rights as to the seal fisheries therein, were held or exercised by Russia outside of ordinary territorial waters after the Treaty of 1825.

As to the fourth of the said five points, We, the said Arbitrators, do unanimously decide and determine that all the rights of Russia as to jurisdiction and as to the seal fisheries in Behring Sea, East of the water boundary, in the Treaty between the United States and Russia of the 30th March 1867, did pass unimpaired to the United States under the said Treaty.

As to the fifth of the said five points, We, the said Baron DE COURCEL, Lord HANNEN, Sir JOHN THOMPSON, Marquis VISCONTI VENOSTA and M. GREGERS GRAM being a majority of the said arbitrators, do decide and determine that the United States has not any right of protection or property in the fur-seals frequenting the islands of the United States in Behring Sea, when such seals are found outside the ordinary three-mile limit.

And whereas the aforesaid determination of the foregoing questions as to the exclusive jurisdiction of the United States mentioned in Article VI leaves the subject in such a position that the concurrence of Great Britain is necessary to the establishment of Regulations for the proper protection and preservation of the fur-seal in or habitually resorting to the Behring Sea, the Tribunal having decided by a majority as to each Article of the following Regulations, We, the said Baron de COURCEL, Lord HANNEN, Marquis VISCONTI VENOSTA, and Mr. GREGERS GRAM, assenting to the whole of the nine Articles of the following Regulations, and being a majority of the said Arbitrators, do decide and determine in the mode provided by the Treaty, that the following concurrent Regulations outside the jurisdictional limits of the respective Governments are necessary and that they should extend over the waters hereinafter mentioned, that is to say :

ARTICLE 1.

The Governments of the United States and of Great Britain shall forbid their citizens and subjects respectively to kill, capture or pursue at any time and in any manner whatever, the animals commonly called fur seals, within a zone of sixty miles around the Pribilov Islands, inclusive of the territorial waters.

The miles mentioned in the preceding paragraph are geographical miles, of sixty to a degree of latitude.

ARTICLE 2.

The two Governments shall forbid their citizens and subjects respectively to kill, capture or pursue, in any manner whatever, during the season extending, each year, from the 1st of May to the 31st of July, both inclusive, the fur seals on the high sea, in the part of the Pacific Ocean, inclusive of the Behring sea, which is situated to the North of the 35th degree of North latitude, and eastward of the 180th degree of longitude from Greenwich till it strikes the water boundary described in Article I of the Treaty of 1867 between the United States and Russia, and following that line up to Behring straits.

ARTICLE 3.

During the period of time and in the waters in which the fur seal fishing is allowed, only sailing vessels shall be permitted to carry on or take part in fur-seal fishing operations. They will however be at liberty to avail themselves of the use of such canoes or undecked boats, propelled by paddles, oars, or sails, as are in common use as fishing boats.

ARTICLE 4.

Each sailing vessel authorised to fish for fur seals must be provided with a special license issued for that purpose by its Government and shall be required to carry a distinguishing flag to be prescribed by its Government.

ARTICLE 5.

The masters of the vessels engaged in fur seal fishing shall enter accurately in their official log book the date and place of each fur seal fishing operation, and also the number and sex of the seals captured upon each day. These entries shall be communicated by each of the two Governments to the other at the end of each fishing season.

ARTICLE 6.

The use of nets, fire arms and ex,losives shall be forbidden in the fur seal fishing. This restriction shall not a,,ly to shot guns when such fishing takes ,lace outside of Behring's sea, during the season when it may be lawfully carried on.

ARTICLE 7.

The two Governments shall take measures to control the fitness of the men authorized to engage in fur seal fishing; these men shall have been proved fit to handle with sufficient skill the wea,ons by means of which this fishing may be carried on.

ARTICLE 8.

The regulations contained in the ,receding articles shall not a,,ly to Indians dwelling on the coasts of the territory of the United States or of Great Britain, and carrying on fur seal fishing in canoes or undecked boats not transported by or used in connection with other vessels and ,ro,elled wholly by ,addles oars or sails and manned by not more than five ,ersons each in the way hitherto ,racticed by the Indians, ,rovided such Indians are not in the em-,loyment of other ,ersons and ,rovided that, when so hunting in canoes or undecked boats, they shall not hunt fur seals outside of territorial waters under contract for the delivery of the skins to any ,erson.

This exem,tion shall not be construed to affect the Munici,al law of either country, nor shall it extend to the waters of Behring Sea or the waters of the Aleutian Passes.

Nothing herein contained is intended to interfere with the em,loyment of Indians as hunters or otherwise in connection with fur sealing vessels as heretofore.

ARTICLE 9.

The concurrent regulations hereby determined with a view to the ,rotection and ,reservation of the fur seals, shall remain in force until they have been, in whole or in ,art, abolished or modified by common agreement between the Governments of the United States and of Great Britain.

The said concurrent regulations shall be submitted every five years to a new examination, so as to enable both interested Governments to consider

4

whether, in the light of past experience, there is occasion for any modification thereof.

And whereas the Government of Her Britannic Majesty did submit to the Tribunal of Arbitration by article VIII of the said Treaty certain questions of fact involved in the claims referred to in the said article VIII, and did also submit to us, the said Tribunal, a statement of the said facts, as follows, that is to say:

« Findings of fact proposed by the Agent of Great Britain and agreed to as « proved by the Agent for the United States, and submitted to the Tribunal of Arbi- « tration for its consideration. »

« 1. That the several searches and seizures, whether of ships or goods, « and the several arrests of masters and crews, respectively mentioned « in the Schedule to the British Case, pages 1 to 60 inclusive, were « made by the authority of the United States Government. The ques- « tions as to the value of the said vessels or their contents or either of « them, and the question as to whether the vessels mentioned in the Schedule « to the British Case, or any of them, were wholly or in part the actual pro- « perty of citizens of the United States, have been withdrawn from and have « not been considered by the Tribunal, it being understood that it is open to « the United States to raise these questions or any of them, if they think fit, « in any future negotiations as to the liability of the United States Government to pay the amounts mentioned in the Schedule to the British Case ;

« 2. That the seizures aforesaid, with the exception of the « Pathfinder » « seized at Neah-Bay, were made in Behring Sea at the distances from shore « mentioned in the Schedule annexed hereto marked « C »;

« 3. That the said several searches and seizures of vessels were made by « public armed vessels of the United States, the commanders of which had, at « the several times when they were made, from the Executive Department of the « Government of the United States, instructions, a copy of one of which is an- « nexed hereto, marked « A » and that the others were, in all substantial respects, « the same : that in all the instances in which proceedings were had in the District « Courts of the United States resulting in condemnation, such proceedings were « begun by the filing of libels, a copy of one of which is annexed hereto, mar-

« ked « B », and that the libels in the other proceedings were in all substantial
« respects the same; that the alleged acts or offences for which said several sear-
« ches and seizures were made were in each case done or committed in Behring
« Sea at the distances from shore aforesaid; and that in each case in which
« sentence of condemnation was passed, except in those cases when the vessels
« were released after condemnation, the seizure was adopted by the Government
« of the United States; and in those cases in which the vessels were released
« the seizure was made by the authority of the United States; that the said fines
« and imprisonments were for alleged breaches of the municipal laws of the Uni-
« ted States, which alleged breaches were wholly committed in Behring Sea at
« the distances from the shore aforesaid ;

« 4. That the several orders mentioned in the Schedule annexed hereto and
« marked « C » warning vessels to leave or not to enter Behring Sea were made by
« public armed vessels of the United States the commanders of which had, at
« the several times when they vere given, like instructions as mentioned in
« finding 3, and that the vessels so warned were engaged in sealing or prose-
« cuting voyages for that purpose, and that such action was adopted by the
« Government of the United States;

« 5. That the District courts of the United States in which any proceedings
« were had or taken for the purpose of condemning any vessel seized as men-
« tioned in the Schedule to the Case of Great Britain, pages 1 to 60, inclusive,
« had all the jurisdiction and powers of Courts of Admiralty, including the
« prize jurisdiction, but that in each case the sentence pronounced by the
« Court was based upon the grounds set forth in the libel. »

« ANNEX A.

« Treasury Department, Office of the Secretary.

« Washington, April 21, 1886.

« SIR,

« Referring to Department letter of this date, directing you to proceed with the revenue-
« steamer *Bear*, under your command, to the seal Islands, etc., you are hereby clothed with
« full power to enforce the law contained in the provisions of Section 1956 of the United
« States' Revised Statutes, and directed to seize all vessels and arrest and deliver to the
« proper authorities any or all persons whom you may detect violating the law referred to,
« after due notice shall have been given.

« You will also seize any liquors or fire-arms attempted to be introduced into the country
« without proper permit, under the provisions of Section 1955 of the Revised Statutes, and
« the Proclamation of the President dated 4th February, 1870.

« Respectfully yours. »

« Signed : C. S. FAIRCHILD.
« Acting Secretary. »

« *Captain M. A. Healy, commanding revenue-steamer* Bear, *San-Francisco, California.* »

« Annex B.

«IN THE DISTRICT COURT OF THE UNITED STATES FOR THE DISTRICT OF ALASKA.

«AUGUST SPECIAL TERM, 1886.

« To the Honourable Lafayette Dawson, Judge of said District Court :

« The libel of information of M. D. Ball, Attorney for the United States for the District of « Alaska, who prosecutes on behalf of said United States, and being present here in Court in « his proper person, in the name and on behalf of the said United States, against the schoo- « ner *Thornton*, her tackle, apparel, boats, cargo, and furniture, and against all persons in- « tervening for their interest therein, in a cause of forfeiture, alleges and informs as fol- « lows :

« That Charles A. Abbey, an officer in the Revenue marine Service of the United States, « and on special duty in the waters of the district of Alaska, heretofore, to wit, on the « 1st day of August, 1886, within the limits of Alaska Territory, and in the waters thereof, « and within the civil and judicial district of Alaska, to wit, within the waters of that por- « tion of Behring sea belonging to the said district, on waters navigable from the sea by ves- « sels of 10 or more tons burden, seized the ship or vessel commonly called a schooner, the « *Thornton*, her tackle, apparel, boats, cargo, and furniture, being the property of some per- « son or persons to the said Attorney unknown, as forfeited to the United States, for the « following causes :

« That the said vessel or schooner was found engaged in killing fur-seal within the limits « of Alaska Territory, and in the waters thereof, in violation of section 1956 of the Revised « Statutes of the United States.

« And the said Attorney saith that all and singular the premises are and were true, and « within the Admiralty and maritime jurisdiction of this Court, and that by reason thereof, « and by force of the Statutes of the United States in such cases made and provided, the afore- « mentioned and described schooner or vessel, being a vessel of over 20 tons burden, her « tackle, apparel, boats, cargo, and furniture, became and are forfeited to the use of the « said United States, and that said schooner is now within the district aforesaid.

« Wherefore the said Attorney prays the usual process and monition of this honourable « Court issue in this behalf, and that all persons interested in the before-mentioned and des- « cribed schooner or vessel may be cited in general and special to answer the premises, and « all due proceedings being had, that the said schooner or vessel, her tackle, apparel, boats, « cargo, and furniture may, for the cause aforesaid, and others appearing, be condemned by « the definite sentence and decree of this honourable Court, as forfeited to the use of the said « United States, according to the form of the Statute of the said United States in such cases « made and provided.

« Signed : M. D. Ball.

« United States District Attorney for the District of Alaska. »

« Annex C.

« The following Table shows the names of the British sealing-vessels seized or warned by
« United States revenue cruisers 1886-1890, and the a))roximate distance from land when
« seized. The distances assigned in the cases of the *Carolena*, *Thornton* and *Onward* are on
« the authority of U. S. Naval Commander Abbey (see 50th Congress, 2nd Session, Senate
« Executive Documents N° 106,)). 20, 30, 40). The distances assigned in the cases of the
« *Anna Beck*, *W. P. Sayward*, *Dolphin* and *Grace* are on the authority of Captain Shepard
« U. S. R. M. (*Blue Book*, United States N° 2, 1890. —)). 80-82. See Appendix, vol. III). «

NAME OF VESSELS.	DATE OF SEIZURE.	APPROXIMATE DISTANCE FROM LAND WHEN SEIZED.	UNITED STATES VESSEL making seizure.
Carolena........	August 1 1886...	75 miles..........................	Corwin.
Thornton.......	August 1 1886...	70 miles..........................	Corwin.
Onward	August 2 1886...	115 miles.........................	Corwin.
Favourite.......	August 2 1886...	Warned by *Corwin* in about same position as *Onward*.	
Anna Beck	July 2 1887.....	66 miles..........................	Rush.
W. P. Sayward..	July 9 1887.....	59 miles..........................	Rush.
Dolphin........	July 12 1887....	40 miles..........................	Rush.
Grace..........	July 17 1887....	96 miles..........................	Rush.
Alfred Adams....	August 10 1887..	62 miles..........................	Rush.
Ada..........	August 25 1887..	15 miles..........................	Bear.
Triumph........	August 4 1887...	Warned by *Rush* not to enter Behring Sea.	
Juanita........	July 31 1889....	66 miles..........................	Rush.
Pathfinder	July 29 1889....	50 miles..........................	Rush.
Triumph........	July 11 1889....	Ordered out of Behring Sea by *Rush*. (?) As to position when warned.	
Black Diamond...	July 11 1889...	35 miles..........................	Rush.
Lily..........	August 6 1889...	66 miles..........................	Rush.
Ariel.........	July 30 1889....	Ordered out of Behring Sea by *Rush*.	
Kate..........	August 13 1889..	Ditto.	
Minnie........	July 15 1889....	65 miles..........................	Rush.
Pathfinder	March 27 1890...	Seized in Neah Bay (1).................	Corwin.

(1) Neah Bay is in the State of Washington, and the *Pathfinder* was seized there on charges made
against her in Behring Sea in the previous year. She was released two days later.

And whereas the Government of Her Britannic Majesty did ask the said Arbitrators to find the said facts as set forth in the said statement, and whereas
the Agent and Counsel for the United States Government thereu)on in our presence informed us that the said statement of facts was sustained by the evidence,
and that they had agreed with the Agent and Counsel for Her Britannic Majesty

that We, the Arbitrators, if we should think fit so to do might find the said statement of facts to be true.

Now, We, the said Arbitrators, do unanimously find the facts as set forth in the said statement to be true.

And whereas each and every question which has been cor.... ered by the Tribunal has been determined by a majority of all the Art...dors;

NOW WE, Baron DE COURCEL, Lord HANNEN, Mr J .ice HARLAN, Sir John THOMPSON, Senator MORGAN, the Marquis VISCON... VENOSTA and Mr GREGERS GRAM, the res,ective minorities not withdrawing their votes, do declare this to be the final Decision and Award in writing of this Tribunal in accordance with the Treaty.

Made in du,licate at Paris and signed by us the fifteenth day of August in the year 1893.

And We do certify this English Version thereof to be true and accurate.

ALPH. DE COURCEL.

JOHN M. HARLAN.

JOHN T. MORGAN.

HANNEN.

JNO S. D. THOMPSON.

VISCONTI VENOSTA.

G. GRAM.

DÉCLARATIONS

FAITES PAR LE TRIBUNAL D'ARBITRAGE

ET PRÉSENTÉES

AUX GOUVERNEMENTS DES ÉTATS-UNIS ET DE LA GRANDE-BRETAGNE

POUR ÊTRE PRISES EN CONSIDÉRATION

PAR CES GOUVERNEMENTS.

Les Arbitres déclarent que les Règlements communs tels qu'ils sont établis par le Tribunal d'Arbitrage, en vertu de l'article VII du Traité du 29 février 1892, n'étant applicables que sur la haute mer, devront, dans leur pensée, être complétés par d'autres Règlements applicables dans les limites de la souveraineté de chacune des deux Puissances intéressées et qui devront être fixés par elles d'un commun accord.

II

Vu l'état critique auquel il parait constant que la race des phoques à fourrure se trouve actuellement réduite par suite de circonstances incomplètement éclaircies, les Arbitres croient devoir recommander aux deux Gouvernements de se concerter en vue d'interdire toute destruction des phoques à fourrure, tant sur terre que sur mer, pendant une période de deux ou trois ans, ou d'une année au moins, sauf telles exceptions que les deux Gouvernements pourraient trouver à propos d'admettre.

Si cette mesure donnait de bons résultats, elle pourrait être appliquée de nouveau, à certains intervalles, suivant les circonstances.

Fait et signé à Paris, le 15 août 1893.

ALPH. DE COURCEL.

JOHN M. HARLAN.

JOHN T. MORGAN.

J'approuve les Déclarations I et III :

HANNEN.

J'approuve les Déclarations I et III :

JNO S. D. THOMPSON.

VISCONTI VENOSTA.

G. GRAM.

ENGLISH VERSION.

DECLARATIONS

MADE BY THE TRIBUNAL OF ARBITRATION

AND REFERRED

TO THE GOVERNMENTS OF THE UNITED STATES AND GREAT BRITAIN

FOR THEIR CONSIDERATION.

The Arbitrators declare that the concurrent Regulations, as determined u,on by the Tribunal of Arbitration, by virtue of article VII of the Treaty of the 29 th of February 1892, being a,,licable to the high sea only, should, in their o,inion, be su,,lemented by other Regulations a,,licable within the limits of the sovereignty of each of the two Powers interested and to be settled by their common agreement.

II

In view of the critical condition to which it a,,ears certain that the race of fur-seals is now reduced in consequence of circumstances not fully known, the Arbitrators think fit to recommend both Governments to come to an understanding in order to ,rohibit any killing of fur-seals, either on land or at sea, for a ,eriod of two or three years, or at least one year, subject to such exce,tions as the two Governments might think ,ro,er to admit of.

Such a measure might be recurred to at occasional intervals if found beneficial.

III

The Arbitrators declare moreover that, in their o,inion, the carrying out of the Regulations determined u,on by the Tribunal of Arbitration, should be assured by a system of sti,ulations and measures to be enacted by the two

ALPH. DE COURCEL.

JOHN M. HARLAN.

JOHN T. MORGAN.

I approve Declarations I and III:
HANNEN.

I approve Declarations I and III:
JNO S. D. THOMPSON.

VISCONTI VENOSTA.

G. GRAM.

PROTOCOLES

DES SÉANCES DU TRIBUNAL D'ARBITRAGE

CONSTITUÉ

EN VERTU DE LA CONVENTION DU 29 FÉVRIER 1892

SIGNÉE À WASHINGTON

ENTRE LES GOUVERNEMENTS DES ÉTATS-UNIS

ET DE LA GRANDE-BRETAGNE.

PROTOCOLE I.

SÉANCE DU 23 FÉVRIER 1893.

Le Tribunal s'est réuni à Paris, dans l'Hôtel du Ministère des Affaires Étrangères de France.

Les Arbitres présents étaient :

L'Honorable JOHN M. HARLAN, Juge de la Cour Suprême des États-Unis, un des Arbitres désignés par les États-Unis;

Son Excellence le Baron ALPHONSE DE COURCEL, Sénateur, Arbitre désigné par la France;

Le Très Honorable Lord HANNEN, Pair d'Angleterre, siégeant à la Cour Suprême d'Appel, un des Arbitres désignés par la Grande-Bretagne;

Lesquels se sont assurés que leurs pouvoirs respectifs étaient en bonne et valable forme.

M. le Baron DE COURCEL est invité par ses collègues à prendre place au fauteuil de la Présidence pour la présente séance.

Assistent à la séance :

M. WILLIAM WILLIAMS, en qualité d'Agent spécial et Conseil adjoint pour les États-Unis, et l'Honorable CHARLES H. TUPPER, en qualité d'Agent de Sa Majesté Britannique.

MM. WILLIAMS et TUPPER ont déposé sur le bureau du Tribunal Arbitral les Commissions qui les accréditent devant le Tribunal.

Assistent également à la séance, en qualité de Conseils du Gouvernement Britannique :

Sir CHARLES RUSSELL, Conseil de la Reine, Membre du Parlement, Attorney Général de Sa Majesté Britannique;

Sir RICHARD WEBSTER, Conseil de la Reine, Membre du Parlement;

M. CHRISTOPHER ROBINSON, Conseil de la Reine.

LE PRÉSIDENT a invité M. Henri Feer, ancien Consul général de France, à rédiger le Protocole de la séance, avec le concours de MM. Williams et Tupper.

M. WILLIAMS, agissant au nom du Gouvernement des États-Unis, demande que le Tribunal s'ajourne au 23 mars;

M. TUPPER, au nom du Gouvernement Britannique, appuie la demande de M. Williams.

Sir CHARLES RUSSELL, principal Conseil de la Grande-Bretagne, déclare que les Conseils, quoique informés d'avance de la demande qui devait être présentée, ont tenu, par déférence pour le Tribunal Arbitral, à se présenter à cette première séance.

Le Tribunal Arbitral, faisant droit à la demande qui lui est adressée au nom des deux Parties, décide de s'ajourner au 23 mars.

La question de la publication des mémoires et contre-mémoires ayant été posée, les Arbitres déclarent qu'elle n'est pas de leur compétence.

Quant à la publication du Protocole de la présente séance, les Arbitres présents, ne se trouvant pas en nombre suffisant pour prendre demeurera secret.

Le Tribunal Arbitral s'ajourne au 23 mars.

Ainsi fait à Paris, le 23 février 1893, et ont signé :

Le Président : **ALPH. DE COURCEL.**

L'Agent spécial des États-Unis : **WILLIAM WILLIAMS.**

L'Agent de la Grande-Bretagne : **CHARLES H. TUPPER.**

Le Secrétaire : **H. FEER.**

PROTOCOL I.

MEETING OF FEBRUARY 23ʳᵈ 1893.

The Tribunal assembled at Paris, at the French Ministry for Foreign Affairs.

The Arbitrators present were:

The Honourable JOHN M. HARLAN, Justice of the Supreme Court of the United States, one of the Arbitrators named by the United States;

His Excellency Baron ALPHONSE DE COURCEL, French Senator, the Arbitrator named by France;

The Right Honourable Lord HANNEN, Lord of Appeal, one of the Arbitrators named by Great Britain;

Who having assured themselves that their respective powers were in good and valid form,

Baron DE COURCEL was invited by his colleagues to take the chair as President for the present meeting.

There were present at the meeting:

Mr WILLIAM WILLIAMS, Special Agent and Associate Counsel for the United States; The Honourable Charles H. TUPPER, as Agent of Her Britannic Majesty.

Messrs WILLIAMS and TUPPER laid before the Tribunal of Arbitration the Commissions empowering them to act before the Tribunal.

There were also present at the meeting as Counsel for Her Britannic Majesty's Government:

Sir CHARLES RUSSELL, Q. C., M. P., Her Britannic Majesty's Attorney General,

Sir RICHARD WEBSTER, Q. C., M. P.,

And Mr CHRISTOPHER ROBINSON, Q. C.

THE PRESIDENT invited Mr Henri FEER, formerly a Consul general of France, to draw up the Protocol of this meeting with the assistance of Messrs Williams and Tupper.

Mr WILLIAMS, acting for the Government of the United States, asked that the Tribunal adjourn till the 23ʳᵈ of March.

Mr TUPPER, in the name of the British Government, supported the request of Mr Williams.

Sir CHARLES RUSSELL, the leading Counsel for Great Britain, stated that the Counsel, though previoulsy aware of the request which would be made, thought it right to attend the first meeting, out of respect for the Tribunal of Arbitration.

The Tribunal of Arbitration acceded to the request made in the name of the two Parties and agreed to adjourn to the 23rd of March.

The question of the publication of the Cases and Counter-Cases having been mentionned, the Arbitrators stated that it was not a subject for their consideration.

In regard to the publication of the Protocol of this meeting, the Arbitrators present, finding themselves in insufficient number to give a decision which would bind the Tribunal of Arbitration for the future, announced that the Protocol of the meeting of the 23rd of February should be kept secret, until further orders.

The Tribunal of Arbitration adjourned till March 23rd.

So done in Paris, the 23rd of February 1893 and have signed :

The President : ALPH. DE COURCEL.

The Special Agent for the United States : WILLIAM WILLIAMS.

The Agent for Great Britain : CHARLES H. TUPPER.

The Secretary : H. FEER.

Translation certified to be accurate :

A. BAILLY-BLANCHARD.

H. GUNYNGHAME.

} Co-Secretaries.

PROTOCOLE II.

SÉANCE DU 23 MARS 1893.

Le Tribunal s'est réuni à Paris, comme il avait été convenu, dans l'Hôtel du Ministère des Affaires étrangères de France.

Étaient présents les sept membres du Tribunal Arbitral:

L'Honorable JOHN M. HARLAN, Juge de la Cour suprême des États-Unis,

Et l'Honorable JOHN T. MORGAN, Sénateur des États-Unis,
      Arbitres désignés par les États-Unis;

Son Excellence le Baron ALPHONSE DE COURCEL, Sénateur français, Arbitre désigné par la France ;

Le Très Honorable Lord HANNEN, Pair d'Angleterre, siégeant à la Cour Suprême d'Appel,

Et Sir JOHN THOMPSON, Ministre de la justice du Dominion de Canada,

            Arbitres désignés par la Grande-Bretagne;

Son Excellence le Marquis EMILIO VISCONTI VENOSTA, Sénateur italien, Arbitre désigné par l'Italie,

Et Son Excellence M. GREGERS GRAM, Arbitre désigné par la Suède et Norvège.

L'Honorable JOHN W. FOSTER et l'Honorable CHARLES H. TUPPER, Ministre de la marine et des pêcheries du Dominion de Canada, assistent à la séance comme Agents des Gouvernements des États-Unis et de la Grande-Bretagne.

Les membres du Tribunal Arbitral s'assurent que leurs pouvoirs respectifs sont en bonne et valable forme.

Lord HANNEN, l'un des Arbitres désignés par la Grande-Bretagne, se lève pour proposer que M. le Baron de Courcel, Arbitre désigné par la France, soit prié par ses Collègues de prendre la Présidence du Tribunal.

L'Honorable John M.-Harlan, l'un des Arbitres désignés par les États-Unis, appuie la proposition de Lord Hannen.

Les autres membres du Tribunal Arbitral ayant acquiescé à la proposition, M. le Baron de Courcel prend place au fauteuil de la Présidence et prononce les paroles suivantes :

Messieurs,

Vous me faites bénéficier de l'usage courtois qui, dans les réunions d'un caractère international, attribue au représentant du pays où elles siègent la présidence de leurs travaux. Je vous en remercie pour mon pays et pour moi-même.

Lorsque les Gouvernements de la Grande-Bretagne et des États-Unis d'Amérique ont décidé de terminer par les voies amiables d'un arbitrage le litige déjà ancien des Pêcheries de Behring, et lorsqu'ils ont choisi Paris pour siège du Tribunal Arbitral institué en vertu de leurs accords, ils ont fait à la France et à sa capitale un honneur insigne. J'ose dire que l'une et l'autre en étaient dignes.

Nulle part assurément vous ne sauriez trouver l'atmosphère d'une plus sincère, d'une plus chaleureuse sympathie pour l'œuvre grande et bonne que vous êtes chargés de poursuivre. A travers les chocs et les épreuves qu'inflige inévitablement à tous les hommes la dure réalité des choses, la France est demeurée une nation obstinément idéaliste ; toute conception généreuse la touche et l'entraîne ; elle est passionnée pour la cause du progrès dans l'humanité. Or quel but plus idéal, quel progrès plus noble et plus digne de recherche que la disparition graduelle des recours à la force brutale entre les peuples de la terre? La procédure arbitrale y vise, et chaque arbitrage nouveau nous en rapproche, en fournissant une preuve de plus de la possibilité matérielle de ce qui, hier encore, n'apparaissait que comme un rêve.

Il y a quelques années, les arbitres convoqués à Genève, par l'autorité pacifique d'une sentence que deux libres et puissantes nations s'étaient engagées d'avance à accepter, mettaient heureusement fin à une discussion qui semblait n'avoir d'autre issue possible que la guerre. L'arbitrage de l'Alabama fait époque dans l'histoire des relations internationales: on peut dire qu'il a rajeuni l'antique droit des gens, et qu'il

lui a ouvert une ère nouvelle, avec la perspective d'une action indéfini-
ment bienfaisante. Les deux nations qui se sont soumises au verdict
de Genève, malgré des sacrifices qui, dans les premiers moments, ont
pu coûter à l'une et à l'autre, ne se sont pas repenties à la longue de
leur appel à la force purement morale, puisqu'elles-mêmes le renou-
vellent aujourd'hui, d'un commun accord, dans des circonstances
analogues.

Le procès qui va se plaider devant vous n'est point de ceux, il est
vrai, qui, selon l'apparence, pouvaient déchaîner le redoutable fléau
de la guerre. Mais, en dehors de cette extrémité fatale, combien de
maux ne causent point aux peuples un refroidissement durable et la
persistance de sentiments amers! Comme les individus, les nations se
doivent la charité; et lorsque, cédant aux conseils de l'orgueil, elles
manquent à la loi providentielle, elles se condamnent elles-mêmes à
bien des souffrances. Si les conciliations de l'arbitrage n'avaient d'autre
effet que de les préserver de ce péril, elles feraient encore aux peuples
un bien incalculable, et serviraient très utilement la fraternité humaine.

Votre présence dans cette salle, Messieurs, est le plus éloquent témoignage du prix qui s'attache à la décision attendue de vous. L'Angleterre, de tout temps si féconde en éminents jurisconsultes, les
États-Unis, le Canada, qui continuent à leur tour, dans le Nouveau
Monde, une tradition dont l'origine atavique doit être cherchée peut-
être sur notre vieux sol normand, ont députe ici des personnages
dont la science et la rare perspicacité ont été éprouvées dans les plus
hautes et les plus délicates fonctions de la magistrature, ou dans les
discussions d'assemblées politiques renommées pour leur prudence.
A côté d'eux, je vois siéger un homme d'État, sage héritier de l'illustre
Cavour, et dont la diplomatie Européenne, aux conseils de laquelle il
manque, n'a pas cessé de regretter la retraite prématurée et volontaire.
Un autre de nos Collègues, venu du Nord scandinave, et que sa réputation a devancé ici, occupait naguère dans sa patrie l'un des postes les
plus élevés que puisse conférer la juste confiance du Souverain de deux
Royaumes jumeaux, également jaloux de leur individualité.

A votre barre se présentent, au nom des deux grandes Puissances
qui vous ont remis le règlement de leur cause, des hommes politiques
de premier ordre. L'un d'eux dirigeait hier les relations internationales
de la grande République Américaine.

Ils sont assistés de Conseils habitués à briller au premier rang, tantôt au barreau, tantôt dans le Gouvernement de leur pays, et que l'admiration de leurs concitoyens, de chaque côté de l'Atlantique, salue du titre de princes de l'éloquence.

C'est un honneur qui suffit à illustrer une existence entière que d'être appelé à siéger près de pareils hommes. La responsabilité de les présider serait bien effrayante, si celui de leurs collègues qu'ils ont chargé de cette tâche ne devait compter sur leur indulgent et infaillible appui.

Puisse la divine Providence, de qui relèvent toutes les actions des hommes, nous donner la force et nous inspirer la sagesse nécessaires pour accomplir notre difficile mission, et pour marquer ainsi une étape vers la réalisation de la parole pleine de consolation et d'espoir de Celui qui a dit : « Bienheureux les pacifiques, car la terre leur appartiendra. »

Messieurs, je crois être l'interprète de votre pensée à tous en vous proposant d'interrompre ici notre séance, afin de porter à M. le Président de la République Française, avec l'hommage de nos respects, l'expression de notre gratitude pour l'hospitalité que nous recevons de la France.

Sur la proposition du Président, M. A. Imbert, Ministre plénipotentiaire de France, est désigné comme Secrétaire du Tribunal Arbitral. M. le Baron DE COURCEL invite ensuite les Arbitres Anglais et Américains à désigner, pour chacune des deux nationalités, un secrétaire qui serait adjoint au Secrétaire du Tribunal. Il est convenu que cette désignation aura lieu à la prochaine séance.

Le Tribunal fixe les jours et heures de ses séances.

Conformément aux stipulations du traité de Washington du 29 février 1892, les Agents des Gouvernements des États-Unis et de la Grande-Bretagne déposent devant le Tribunal les Arguments imprimés de leurs Gouvernements respectifs.

L'Agent des États-Unis ayant signalé que, par suite d'une erreur accidentelle commise à l'impression, il existait une omission dans les citations jointes en appendice à l'Argument des États-Unis, autorisation lui a été donnée de déposer ultérieurement, comme annexe à l'Argument, un supplément contenant les citations omises, sous réserve du droit pour le Gouvernement Britannique de présenter une réplique à ces citations, s'il le jugeait opportun.

Les Agents des deux Gouvernements ont annoncé qu'ils avaient pris, de commun accord, des arrangements pour faire sténographier chaque jour les débats du Tribunal.

Il est déclaré que le public sera admis aux débats, sur la présentation de cartes nominatives délivrées par le Secrétaire du Tribunal.

Le Tribunal Arbitral s'ajourne au 4 avril prochain.

Ainsi fait à Paris, le 23 mars 1893, et ont signé :

Le Président :   ALP. DE COURCEL.

L'Agent des États-Unis :   JOHN W. FOSTER.

L'Agent de la Grande-Bretagne :   CHARLES H. TUPPER.

Le Secrétaire :   A. P   .

PROTOCOL II.

MEETING OF MARCH 23, 1893.

The Tribunal assembled at Paris, as had been agreed, at the French Ministry for Foreign Affairs.

There vere present the seven members of the Tribunal of Arbitration :

The Honourable JOHN M. HARLAN, Justice of the Supreme Court of the United States,

And The Honourable JOHN T. MORGAN, Senator of the United States, the Arbitrators named by the United States ;

His Excellency the Baron ALPHONSE DE COURCEL, Senator of France, the Arbitrator named by France ;

The Right Honourable Lord HANNEN, Lord of Appeal,

And sir JOHN THOMPSON, Minister of Justice for the Dominion of Canada, the Arbitrators named by Great Britain ;

His Excellency the Marquis E. VISCONTI VENOSTA, Senator of Italy, the Arbitrator named by Italy ;

And His Excellency Mr. GREGERS GRAM, the Arbitrator named by Sweden and Norway;

The Honourable JOHN W. FOSTER and The Honourable CHARLES H. TUPPER, Minister of Marine and Fisheries for the Dominion of Canada, were present at the meeting as Agents for the Governments of the United States and Great Britain.

The members of the Tribunal of Arbitration assured themselves that their respective powers were in due and valid form.

Lord HANNEN, one of the Arbitrators named by Great Britain, rose to propose that His Excellency the Baron de Courcel, the Arbitrator named by France, should be requested by his Colleagues to assume the Presidency of the Tribunal.

The Honourable JOHN M. HARLAN, one of the Arbitrators named by the United States, supported the proposal of Lord Hannen.

The other members of the Tribunal of Arbitration having agreed to the proposal, Baron de Courcel took the chair as President and delivered the following address :

GENTLEMEN :

You have been pleased to exercise in my favour that courteous usage which, in proceedings of an internationl character, confers the Presidency upon the representative of the country in which the meeting is held.

The Governments of Great Britain and the United States of America have determined to end the long standing dispute concerning the Behring fisheries by a friendly arbitration, and in choosing Paris for the seat of it, they have paid a distinguished compliment to France and to her capital city.

I venture to say that both are worthy of it.

Nowhere, be sure, would you have found yourselves surrounded by a more sincere and warm sympathy with the great and good work which you are charged to carry out. Through all the shocks and trials which the hard necessity of events inflicts upon mankind, France has remained steadfast to ideals. Every generous conception moves and captivates her. She has a passion for the cause of human progress. And what aim can be more ideal, what progress more noble and worthy of attainment than the gradual disappearance from among the people of the earth of a recourse to brute force.

This is the aim of procedure by arbitration, and each new recourse to it brings us nearer to that end, by furnishing another proof of the actual possibility of that which, even yesterday, seemed but a dream.

Some years ago, by the peaceful authority of a decision which two proud and powerful nations had previously agreed to accept, the Arbitrators assembled at Geneva put a happy end to a dispute which it seemed at one time could only terminate in war.

The Geneva arbitration was an epoch in international relations. It may be said to have revived the old law of nations, and opened to it a new era with a boundless prospect of beneficent consequences.

The two nations which submitted to the Geneva verdict, in spite of the sacrifices which at first it seemed to involve, have evidently not in the long run repented of their appeal to moral force, for to-day they renew that appeal by common consent, in analogous circumstances. It is true that the cause that is to be pleaded before us is not one which apparently would let loose the scourge of war, but short of war how many vils are caused to nations by lasting coldness and by the persistence of bitter sentiments. Like individuals, nations owe a duty to charity, and when yielding to pride they fail to obey the laws of Providence, they inflict upon themselves many sufferings.

If arbitrations had no other effect than to preserve them from this peril, they would be an incalculable blessing and service to the brotherhood of humanity.

Your presence in this room, Gentlemen, is the most eloquent evidence of the value which attaches to your expected decision.

England, from all time so rich in eminent jurists, America and Canada, who hand down in their turn and in a new world a tradition whose ancestral origin may perhaps be sought in our old Norman soil, have delegated men whose knowledge and rare penetration have been applied in the highest and most delicate functions in the magistracy or in the discussions of political assemblies whose prudence was renowned.

Beside them I see a politician, a wise heir off the illustrious Cavour, whose premature and voluntary retreat from European diplomacy has been the subject of deep regret.

Another of our colleagues from North Scandinavia, whose reputation has preceded him, has occupied one of the highest positions which could be conferred upon him by the just confidence of the Sovereign of two Twin Kingdoms, each equally jealous of its individuality.

At your bar, to represent the two great Powers who have confided their cause to you, appear politicians of the first order. One of them only lately guided the foreign relations of the Great American Republic. They are assisted by Counsel accustomed to occupy the front rank, either at the bar, or in the government of their country, and whom the admiration of their countrymen on each side of the Atlantic hails as princes of eloquence.

It is an honour sufficient to dignify an entire life to be asked to sit with men like these, and the responsibility of presiding among them would be overwhelming if he whom his colleagues have charged with this duty could not count on their unvarying and indulgent support.

May divine Providence, on whom depends all human action, give us the strength and inspire us with the wisdom necessary to fulfil our difficult mission, and thus to advance a stage nearer to the realization of the words of consolation and hope of Him who has said « Blessed are the peacemakers, for they shall inherit the earth ».

Gentlemen, I trust that I represent your wishes in proposing to you to break up our present meeting, in order to convey our respects to the President of the French Republic, together with an expression of our gratitude for the hospitality which we are receiving from France.

On the proposal of the President, Mr A. Imbert, a Minister Plenipotentiary of France, was named Secretary to the Tribunal of Arbitration. Baron

DE COURCEL then invited the English and American Arbitrators to name, for their respective nationalities, a Secretary to be associated with the Secretary of the Tribunal. It was agreed that this appointment should be made at the next meeting.

The Tribunal fixed the days and hours of its meetings.

In conformity with the stipulations of the Treaty of Washington of the 29th of February 1892, the Agents of the Governments of the United States and Great Britain laid before the Tribunal the printed Arguments of their respective Governments.

The Agent of the United States having intimated that, owing to an oversight in printing, there was an omission in the appendices of authorities cited in the Argument of the United States, he was authorised to present at a later date, as an appendice to the Argument, a supplement containing the citations omitted, with the reserve of the right, on the part of the British Government, to present a reply to the citations, should they deem it to be necessary.

The Agents of the respective Governments stated that they had agreed to arrange for taking short hand reports of the daily proceedings.

It was announced that the proceedings were now public, and admission to the discussions would be upon the presentation of cards of admission to be issued by the Secretary of the Tribunal.

The Tribunal of Arbitration adjourned till the 4th of April next.

Done at Paris the 23rd of March 1893.

And signed :

The President : ALPH. DE COURCEL.

The Agent for the United States : JOHN W. FOSTER.

The Agent fort Great Britain : CHARLES H. TUPPER.

The Secretary : A. IMBERT.

Translation certified bo te accurate :

A. BAILLY-BLANCHARD.

H. CUNYNGHAME.

} Co-Secretaries.

PROTOCOLE III.

Le Tribunal s'est réuni à 11 heures 45, tous les Arbitres étant présents.

Le Président annonce que le Tribunal a décidé la nomination de M. A. Bailly-Blanchard et de M. Cunynghame, comme Secrétaires du Tribunal, conjointement avec M. A. Imbert,

Et également celle de M. le chevalier Bajnotti, de M. Henri Feer et de M. le vicomte de Manneville, comme Secrétaires adjoints.

Le Président annonce que le Tribunal est prêt à entendre toute motion que pourrait présenter l'une ou l'autre des parties.

Sir Charles Russell prend la parole et termine sa plaidoirie en présentant la motion suivante :

« Que l'Agent des États-Unis soit invité à produire l'original ou une « copie certifiée du rapport fait par Henry W. Elliott au sujet des phoques « à fourrure conformément à l'Acte du Congrès de 1890. »

Sir Richard. Webster parle dans le même sens.

L'Honorable E. J. Phelps réplique et présente la réponse suivante à la motion :

« Le Gouvernement des États-Unis se refuse à admettre que le Gou- « vernement de sa Majesté Britannique soit autorisé en droit, d'après « les dispositions du Traité, à obtenir du Tribunal un ordre pour la « production du document visé par la motion de Sir Charles Russell.

« Toutefois, le Gouvernement des États-Unis est disposé, en ce qui « le concerne, à ne pas user du droit qu'il aurait d'élever cette objec- « tion et à fournir à l'Agent du Gouvernement de Sa Majesté une copie « du document en question, à telles fins de preuve que le Tribunal « jugera à propos d'autoriser.

« Néanmoins, cette façon de procéder n'implique pas, de la part du « Gouvernement des États-Unis, l'acquiescement à ce qu'aucune des « deux parties, à ce moment ou à toute autre époque de la procédure, « ait le droit de présenter aucun autre moyen de preuve, quel qu'il soit, « sur un sujet quelconque se rattachant à la controverse.

« Le même Gouvernement stipule en outre que, s'il est fait un usage
« quelconque du document auquel se rapporte cette motion, comme
« moyen de preuve, chacune des deux parties aura un droit égal à
« l'utiliser en tous les points qu'il contient. »

M. CARTER s'exprime ensuite dans le même sens.

Le Tribunal suspend alors sa séance.

A la reprise de la séance, LE PRÉSIDENT déclare ce qui suit :

« Le Tribunal ordonne que le susdit document sera considéré
« comme étant devant le Tribunal pour qu'il en soit fait tel usage que
« le Tribunal jugera convenable.

L'AGENT des États-Unis donne alors lecture des motions suivantes :

« 1° L'Agent des États-Unis désire appeler l'attention du Tribunal
« d'Arbitrage sur le fait que l'Agent de Sa Majesté Britannique a porté
« à sa connaissance, par une lettre en date du 25 mars dernier,
« qu'il avait envoyé à chacun des membres du Tribunal des copies en
« duplicata d'un Rapport supplémentaire des Commissaires Britan-
« niques désignés pour faire une enquête sur les phoques de la mer de
« Behring.

« L'Agent des États-Unis, en raison de cette information, demande
« à l'Honorable Tribunal que le document dont il s'agit ne soit pas pris
« en considération et qu'il soit retourné à l'Agent de Sa Majesté, par le
« motif qu'il est présenté à un moment et dans une forme que n'auto-
« rise pas le Traité.

« 2° L'Agent des États-Unis demande à l'Honorable Tribunal d'ex-
« clure de l'arbitrage ce qui, dans la demande du Gouvernement de
« la Grande-Bretagne, a trait à la somme mentionnée à la page 315 du
« contre-mémoire dudit Gouvernement, comme ayant été dépensée
« pour frais occasionnés par la procédure devant la Cour suprême
« des États-Unis;

« Et d'exclure aussi de l'arbitrage la réclamation et requête du même
« Gouvernement qui figurent à ladite page 315, tendant à ce que les
« arbitres établissent quelle prise ou quelles prises auraient pu être
« effectuées par les chasseurs pélagiques dans la mer de Behring sans
« indue diminution du troupeau de phoques pendant la durée de cet
« arbitrage;

« Et, de plus, d'exclure de l'arbitrage la réclamation du même
« Gouvernement, mentionnée à ladite page 315, en vue d'être autorisé
« à établir les payements faits par lui aux propriétaires canadiens de
« bâtiments employés à la chasse des phoques;

« Et que toutes preuves ou tous témoignages ayant trait aux sus-
« dites réclamations ou questions, ou à l'une d'elles, soient rayés du
« contre-mémoire Britannique, et, en particulier, les preuves ou témoi-
« gnages se trouvant aux pages 215 à 229 inclusivement du Tome II
« de l'appendice audit contre-mémoire.

« Le fondement de la motion ou des motions qui précèdent est que les
« réclamations et questions susmentionnées sont, ensemble ou chacune
« d'elles en particulier, présentées pour la première fois dans le contre-
« mémoire du Gouvernement de la Grande-Bretagne et qu'aucune d'elles,
« ensemble ou en particulier, ne se rapporte, ni ne se réfère, par voie
« de réplique, soit au mémoire des États-Unis, soit à quoi que ce soit
« qu'il contienne, si ce n'est en ce qu'elles tendent à soutenir des réclama-
« tions en dommages-intérêts présentées expressément dans le mémoire
« original du Gouvernement de la Grande-Bretagne, et que, en tant
« qu'elles tombent sous cette définition, lesdites demandes sont irrégu-
« lières comme faisant double emploi. »

Le Président ayant fait observer qu'il conviendrait d'examiner
séparément les motions et de renvoyer à une période ultérieure de la
procédure la discussion de la seconde motion présentée au nom des
États-Unis,

L'Honorable E. J. Phelps développe devant le Tribunal les arguments à l'appui de la première motion, celle qui est relative au Rapport
supplémentaire des Commissaires Britanniques.

A 4 heures, la séance est levée et le Tribunal s'ajourne au lendemain
à 11 heures 30.

Ainsi fait à Paris, le 4 avril 1893, et ont signé :

Le Président : ALPH. DE COURCEL.

L'Agent des États-Unis : JOHN W. FOSTER.

L'Agent de la Grande-Bretagne : CHARLES H. TUPPER.

Le Secrétaire : A. IMBERT.

ENGLISH VERSION.

PROTOCOL III.

MEETING OF TUESDAY. APRIL 4ᵗʰ 1893.

At 11.45 a. m., the Tribunal assembled, all the Arbitrators being present.

THE PRESIDENT announced that the Tribunal had decided to appoint Mr. A. Bailly-Blanchard and Mr. Cunynghame as Co-Secretaries with M. Imbert.

Also M. le Chevalier Bajnotti, M. Henri Feer and M. le Vicomte de Manneville, as assistant Secretaries.

THE PRESIDENT announced that the Tribunal was ready to hear any motion by either of the Parties.

Sir CHARLES RUSSELL then spoke, and at the close of his speech he submitted the following motion :

« That the Agent of the United States be called upon to produce the original or a certified copy of the report made by Henry W. Elliott on the subject of fur seals pursuant to act of Congress of 1890. »

Sir RICHARD WEBSTER supported the motion.

The Honourable E. J. PHELPS replied and submitted the following answer to the motion :

« The United States Government denies that Her Britannic Majesty's Government is entitled, under the provisions of the Treaty, to any order by the Tribunal for the production of the document specified in the motion, as a matter of right.

« The United States Government, however, is willing to waive (so far as it is concerned) its right of objection, and to furnish to the Agent of Her Majesty's Government a copy of the document referred to, for such use as evidence as the Tribunal may deem proper to allow;

« Not conceding, however, in so doing, that either party at this or any subsequent stage of the proceedings, has a right to introduce any further evidence whatever, upon any subject whatever, connected with the controversy.

« And further stipulating that if the document referred to in this motion shall be used in evidence at all, it shall be open to the use of both parties equally in all its points. »

Mr. James C. CARTER followed in support of the answer.

The Court adjourned for a short time.

On reassembling, THE PRESIDENT said :

« The Tribunal directs that the above-named document be regarded as be-
« fore the Tribunal to be made such use of as the Tribunal thinks fit. »

The Agent for the United States then read the following motions :

« 1st The Agent of the United States desires to bring to the attention of the
« Tribunal of Arbitration the fact that he has been informed by the Agent of
« Her Britannic Majesty, in a note dated March 25th ultimo, that he has sent
« to each of the members of the Tribunal, copies in duplicate of a « Supple-
« mentary Report of the British Commissioners appointed to inquire into seal
« life in Bering Sea. »

« The Agent of the United States, in view of this information, moves this
« Honourable Tribunal that the document referred to be dismissed from consi-
« deration and be returned to Her Majesty's Agent, on the ground that it is
« submitted at a time and in a manner not allowed by the Treaty.

« 2nd The Agent of the United States moves this Honourable Tribunal to dis-
« miss from the Arbitration so much of the demand of the Government of
« Great Britain as relates to the sum stated upon page 315 of the Counter
« Case of said Government to have been incurred on account of expenses in
« connection with proceedings before the Supreme Court of the United States;

« And, also, to dismiss from the Arbitration the claim and request of the
« same Government, mentioned on said page 315, that the Arbitrators find
« what catch or catches might have been taken by pelagic sealers in Bering Sea
« without undue diminution of the seal herd during the pendency of this Ar-
« bitration;

« And, further, to dismiss from the Arbitration the claim of the same Go-
« vernment, mentioned on the said page 315, to show payments by it to
« the Canadian owners of sealing vessels;

« And that all proofs or evidence relating to the foregoing claims or matters,
« or either of them, be stricken from the British Counter Case, and in parti-
« cular those found on pages 215 to 229 inclusive, of Volume II of the Ap-
« pendix to said Counter Case.

« The ground of the foregoing motion or motions is that the claims and matters
« aforesaid are, and each of them is, presented for the first time in the Counter
« Case of the Government of Great Britain, and that they are not, nor is
« either of them, pertinent or relevant by way of reply to the Case of the
« United States or to anything contained therein, except so far as the same may
« tend to support claims for damages distinctly made in the original Case of the
« Government of Great Britain, and that so far as they come under that head
« the matters are irregular as being cumulative only. »

THE PRESIDENT having remarked that the motions should be considered sioners.

At 4 p. m. the Tribunal ajourned to the next day, at 11.30.

Done at Paris the 4th of April 1893, and signed :

The President : ALPH. DE COURCEL.

The Agent for the United States : JOHN. W. FOSTER.

The Agent for Great Britain : CHARLES H. TUPPER.

The Secretary : A. IMBERT.

Translation certified to be accurate :

A. BAILLY-BLANCHARD.

H. CUNYNGHAME.

Co-Secretaries.

PROTOCOLE IV.

SÉANCE DU MERCREDI 5 AVRIL 1893.

Le Tribunal s'est réuni à 11 heures 45, tous les membres étant présents.

L'Honorable E. J. PHELPS continue et achève son argumentation de la veille.

M. JAMES C. CARTER déclare qu'il n'a aucune observation à ajouter.

Sir CHARLES RUSSELL s'oppose à la motion en discussion, en se fondant sur les arguments suivants :

« Que le rapport supplémentaire des Commissaires Britanniques, en « date du 31 janvier 1893, n'est présenté qu'en ce qui concerne la « question des Règlements, et que, d'après les dispositions du Traité « d'Arbitrage du 29 février 1892, c'est avec raison qu'il est ainsi soumis « au Tribunal, lequel aura à l'examiner à ce point de vue, au cas où il « serait appelé à décider, en vertu de l'article VII, la question de savoir « s'il y a lieu de faire des règlements communs, et, dans l'affirmative, « quels devraient être ces règlements. »

Le Tribunal suspend alors sa séance.

A la reprise, Sir CHARLES RUSSELL continue son argumentation.

A 4 heures, la séance est levée et le Tribunal s'ajourne au lendemain, à 11 heures 30.

Ainsi fait à Paris, le 5 avril 1893, et ont signé :

Le Président : ALPH. DE COURCEL.

L'Agent des États-Unis : JOHN W. FOSTER.

L'Agent de la Grande-Bretagne : CHARLES H. TUPPER.

Le Secrétaire : A. IMBERT.

PROTOCOL IV.

MEETING OF WEDNESDAY APRIL 5th 1893.

At 11.45 a. m. the Tribunal assembled, all the Arbitrators being present.

The Honourable E. J. PHELPS continued his speech of the previous day and concluded his argument.

Mr. JAMES C. CARTER announced that he had no additional remarks to offer.

Sir CHARLES RUSSELL opposed the motion under discussion on the following grounds :

« That the Supplementary Report of the British Commissioners, dated the « 31st January 1893, is presented solely with reference to the question of « Regulations, and, under the provisions of the Treaty of Arbitration of Fe-« bruary 29th 1892, is properly presented to the Tribunal, and so should be « considered by them in the event of their being called upon to determine, « pursuant to article VII, what if any concurrent regulations are necessary. »

The Tribunal adjourned for a short time.

On reassembling, Sir CHARLES RUSSELL continued his argument.

At 4 p. m. the Tribunal adjourned to the next day at 11.30.

So done at Paris, the 5th of April 1893, and signed :

The President : ALPH. DE COURCEL.

The Agent for the United States : JOHN W. FOSTER.

The Agent for Great Britain : CHARLES H. TUPPER.

The Secretary : A. IMBERT.

Translation certified to be accurate :

A. BAILLY-BLANCHARD. ⎫
⎬ Co-Secretaries.
H. CUNYNGHAME. ⎭

PROTOCOLE V.

SÉANCE DU JEUDI 6 AVRIL 1893.

Le Tribunal s'est réuni à 11 heures 30, tous les Arbitres étant présents.

Sir CHARLES RUSSELL reprend et achève son discours de la veille.

Sir RICHARD WEBSTER déclare qu'il n'a rien à ajouter aux observations de Sir Charles Russell.

M. JAMES C. CARTER prend la parole pour soutenir la motion présentée au nom des États-Unis.

À 1 heure 30, le Tribunal suspend sa séance.

À la reprise, M. JAMES C. CARTER continue son argumentation.

À 4 heures, la séance est levée et le Tribunal s'ajourne au lendemain, à 11 heures 30.

Ainsi fait à Paris, le 6 avril 1893, et ont signé :

Le Président : ALPH. DE COURCEL.

L'Agent des États-Unis : JOHN W. FOSTER.

L'Agent de la Grande-Bretagne : CHARLES H. TUPPER.

Le Secrétaire : A. IMBERT.

ENGLISH VERSION.

PROTOCOL V.

MEETING OF THURSDAY APRIL 6th 1893.

.The Tribunal assembled at 11. 30 a. m., all the Arbitrators being present.

Sir CHARLES RUSSELL resumed his speech of the previous day and concluded his argument.

Sir RICHARD WEBSTER said that he had nothing to add to Sir Charles Russell's remarks.

Mr. JAMES C. CARTER replied in support of the motion made on behalf of the United States.

At 1. 30, the Tribunal adjourned for a short time.

On reassembling, Mr. James C. Carter continued his argument.

At 4 p. m., the Tribunal adjourned to the next day, at 11. 30 a. m.

Done at Paris, the 6th of April 1893, and signed :

The President : ALPH. DE COURCEL.

The Agent for the United States : JOHN W. FOSTER.

The Agent for Great Britain : CHARLES H. TUPPER.

The Secretary : A. IMBERT.

Translation certified to be accurate :

A. BAILLY-BLANCHARD.

H. CUNYNGHAME.

} Co-Secretaries.

PROTOCOLE VI.

SÉANCE DU VENDREDI 7 AVRIL 1893.

Le Tribunal s'est réuni à 11 heures 40, tous les Arbitres étant présents.

L'Honorable E. J. PHELPS appelle l'attention du Tribunal sur certaines erreurs dans le compte rendu sténographique.

LE PRÉSIDENT fait observer que les seuls comptes rendus officiels garantis par l'autorité du Tribunal sont les protocoles; la responsabilité des notes des sténographes incombe exclusivement aux Agents des deux Gouvernements.

M. JAMES C. CARTER reprend alors son argumentation pour les États-Unis.

Le Tribunal suspend sa séance à 1 heure 30.

A la reprise, M. CARTER continue et achève sa plaidoirie.

Les Conseils des deux Parties échangent alors, avec l'autorisation du Président, quelques explications complémentaires sur des points se rattachant aux plaidoiries qui viennent d'avoir lieu.

L'Honorable E. J. PHELPS ayant demandé ensuite que l'on procédât à l'examen de la seconde motion, le Tribunal déclare qu'il fera connaître ses intentions à ce sujet dans la prochaine séance.

A 3 heures 50, la séance est levée et le Tribunal s'ajourne à mardi pour une réunion privée, la séance publique étant remise au mercredi 12 avril 1893.

Ainsi fait à Paris, le 7 avril 1893; et ont signé :

Le Président : ALPH. DE COURCEL.

L'Agent des États-Unis : JOHN W. FOSTER.

L'Agent de la Grande-Bretagne : CHARLES H. TUPPER.

Le Secrétaire : A. IMBERT.

PROTOCOL VI.

MEETING OF FRIDAY APRIL 7th 1893.

The Tribunal assembled at 11. 40 a. m., all the Arbitrators being present.

The Honourable E. J. PHELPS called the attention of the Tribunal to certain errors in the short hand notes.

The President stated that the only official minutes which were specially under the authority of the Tribunal were the protocols; the responsibility of the short hand notes rested exclusively with the Agents of the two Governments.

Mr. JAMES C. CARTER then continued his argument on behalf of the United States.

At 1. 3o, the Tribunal adjourned for a short time.

On reassembling, Mr. CARTER continued and concluded his argument.
The Counsel on both Sides then exchanged, with the sanction of the President, some supplementary explanations on points relevant to the arguments which had previously taken place.

The Honourable E. J. PHELPS having afterwards applied to have the second motion considered, the Tribunal declared that it would announce its intentions on this subject at the next meeting.

At 3. 3o p. m., the Tribunal adjourned to Tuesday for a private meeting, the public meeting being postponed to Wednesday, April 12th 1893.

Done at Paris, the 7th of April 1893, and signed :

The President : ALPH. DE COURCEL.

The Agent for the United States : JOHN W. FOSTER.

The Agent for Great Britain : CHARLES H. TUPPER.

The Secretary : A. IMBERT.

Translation certified to be accurate :

A. BAILLY-BLANCHARD.
H. CUNYNGHAME. } Co-Secretaries.

PROTOCOLE VII.

Le Tribunal s'est réuni à 11 heures 40, tous les Arbitres étant présents.

Le Président donne lecture d'une décision du Tribunal ayant trait au « Rapport supplémentaire des Commissaires de la Grande-Bretagne dans la mer de Behring », rapport daté du 31 janvier 1893 et dont l'admissibilité a fait l'objet de la discussion qui a occupé les précédentes séances.

Les termes de cette décision sont les suivants :

« Le Tribunal décide de ne pas recevoir, quant à présent, le docu-
« ment intitulé : « Rapport supplémentaire des Commissaires de la
« Grande-Bretagne dans la mer de Behring », daté du 31 janvier 1893
« et signé de Georges Baden-Powell et Georges M. Dawson, lequel a été
« remis aux Arbitres individuellement par l'Agent de la Grande-Bre-
« tagne, le 25 mars 1893, et contient une critique des moyens de
« preuve produits dans les pièces et documents précédemment remis
« aux Arbitres, ou une argumentation portant sur lesdits moyens de
« preuve.

« Toute liberté demeure néanmoins réservée aux représentants de la
« partie intéressée de s'approprier ledit document, daté du 31 janvier
« 1893, pour l'incorporer à leurs plaidoiries, s'ils le jugent convenable.

« La question de l'admissibilité des pièces ou de quelques-unes d'entre
« elles formant annexes audit document du 31 janvier 1893 est
« réservée à un examen ultérieur, sans préjudice du droit pour les
« représentants des deux parties de discuter la question dont s'agit,
« ainsi que le contenu desdites annexes, au cours de leurs plaidoiries. »

Le Président donne ensuite lecture d'une deuxième décision du Tribunal. Cette décision, qui se rapporte à la demande présentée par l'Honorable E. J. Phelps, à la fin de la précédente séance, relativement à l'examen de la seconde motion des États-Unis, est conçue en ces termes :

« Le Tribunal décide qu'il différera, jusqu'à tel moment qui sera

« par lui ultérieurement indiqué, d'entendre plaider et de prendre en
« considération la motion présentée, le 4 avril 1893, par les États-Unis
« d'Amérique, tendant à la radiation de certains passages faisant partie
« du contre-mémoire et des moyens de preuve du Gouvernement de la
« Grande-Bretagne. »

LE PRÉSIDENT exprime le désir du Tribunal de ne pas s'attarder à des
discussions de procédure et d'aborder le plus promptement possible le
fond de la question.

Il invite, en conséquence, les Conseils à entrer immédiatement en
matière.

Sir CHARLES RUSSELL fait connaître l'ordre dans lequel il a été
convenu que les Conseils présenteraient leur argumentation et ses
indications sont confirmées par M. James C. Carter.

LE PRÉSIDENT déclare que le Tribunal agréera la manière de procéder
arrêtée entre les Conseils, mais il demande à ceux-ci de vouloir bien,
autant que possible, dans leur argumentation, traiter séparément la
discussion des points de droit et celle des règlements éventuels à intervenir.

M. JAMES C. CARTER, après avoir remercié la France de son accueil
hospitalier, commence son plaidoyer pour les États-Unis.

Le Tribunal suspend sa séance à 1 heure 30.

À la reprise, M. JAMES C. CARTER continue son exposé.

À 4 heures, la séance est levée et le Tribunal s'ajourne au lendemain,
à 11 heures 30.

Ainsi fait à Paris, le 12 avril 1893, et ont signé :

Le Président : ALPH. DE COURCEL.

L'Agent des États-Unis : JOHN W. FOSTER.

L'Agent de la Grande-Bretagne : CHARLES H. TUPPER.

Le Secrétaire : A. IMBERT.

PROTOCOL VII.

MEETING OF WEDNESDAY APRIL 12ᵗʰ 1893.

The Tribunal assembled at 11. 40 a. m., all the Arbitrators being present.

THE PRESIDENT then read the decision of the Tribunal with reference to the « Supplementary Report of the British Behring sea Commissioners », dated January 31ˢᵗ 1893, the admissibility of which was the subject of the debates which took place at the previous meetings.

The terms of this decision are as follows :

« It is ordered that the Document entitled a « Supplementary Report of the « British Behring sea Commissioners », dated January 31ˢᵗ 1893, and signed « by George Baden-Powell and George M. Dawson, and delivered to the indivi- « dual Arbitrators by the Agent of Her Britannic Majesty on the 25ᵗ day of « March 1893, and which contains a criticism of, or argument upon, the evi- « dence in the documents and papers previously delivered to the Arbitrators, « be not now received, with liberty, however, reserved to Counsel to adopt « such Document, dated January 31ˢᵗ 1893, as part of their oral argument, if « they deem proper.

« The question as to the admissibility of the documents, or any of them, « constituting the appendices, attached to said document of January 31ˢᵗ 1893 « is reserved for further consideration, without prejudice to the right of « Counsel, on either side, to discuss that question, or the contents of the appen- « dices, in the course of the oral argument. »

THE PRESIDENT then read a second decision of the Tribunal. This decision which relates to the application of the Honourable E. J. Phelps, presented at the close of the preceding meeting, and having reference to the consideration of the second motion of the United States, is worded in these terms :

« It is ordered that the Argument and consideration of the motion made by « the United States of America, on the 4ᵗʰ day of April 1893, to strike out cer- « tain parts of the Counter-Case and proofs of the Government of Great Britain, « be postponed until such time as may be hereafter indicated by the Tribunal. »

THE PRESIDENT then expressed the desire of the Tribunal not to spend time in discussions on procedure, but to enter as soon as possible upon the main question.

He accordingly invited the Counsel to address themselves immediately to the matter at issue.

Sir Charles Russell indicated the order in which it had been agreed the Counsel would present their arguments, and his statement was confirmed by Mr. James C. Carter.

The President declared that the Tribunal would approve of the mode of proceeding agreed upon by the Counsel, but he requested them to be kind enough, as far as possible, in the arrangement of their arguments, to keep separate the discussion on the matters relating to right and those relating to the regulations which might eventually be proposed.

Mr. James C. Carter, after thanking France for her hospitable reception, began his argument in behalf of the United States.

At 1.30, the Tribunal adjourned for a short time.

On reassembling, Mr. James C. Carter continued his argument.

At 4 p. m., the Tribunal adjourned to the next day, at 11.30.

Done at Paris, the 12th of April 1893, and signed :

The President : ALPH. DE COURCEL.

The Agent for the United States : JOHN W. FOSTER.

The Agent for Great Britain : CHARLES H. TUPPER.

The Secretary : A. IMBERT.

Translation certified to be accurate :

A. BAILLY-BLANCHARD.

H. CUNYNGHAME.

} Co-Secretaries.

sents.

M. James C. Carter reprend son argumentation.

A 1 heure 30, la séance est suspendue.

A la reprise, M. James C. Carter continue sa plaidoirie.

A 4 heures, la séance est levée et le Tribunal s'ajourne au lendemain,
à 11 heures 30.

Ainsi fait à Paris, le 13 avril 1893, et ont signé :

Le Président : ALPH. DE COURCEL.

L'Agent des États-Unis : JOHN W. FOSTER.

L'Agent de la Grande-Bretagne : CHARLES H. TUPPER.

Le Secrétaire : A. IMBERT.

Mr. JAMES C. CARTER resumed his argument.

At 1.30, the Tribunal adjourned for a short time.

On reassembling, Mr. JAMES C. CARTER continued his argument.

At 4 p. m., the Tribunal adjourned to the next day, at 11.30 a. m.

Done at Paris, the 13th of April 1893, and signed :

The President : ALPH. DE COURCEL.

The Agent for the United States : JOHN W. FOSTER.

The Agent for Great Britain : CHARLES H. TUPPER.

The Secretary : A. IMBERT.

Translation certified to be accurate :

A. BAILLY-BLANCHARD.

H. CUNYNGHAME.

Co-Secretaries.

PROTOCOLE IX.

Le Tribunal s'est réuni à 11 heures 40, tous les Arbitres étant présents.

M. James C. Carter reprend son argumentation.

Le Tribunal suspend sa séance à 1 heure.

A la reprise, M. James C. Carter continue sa plaidoirie.

La séance est levée à 4 heures et le Tribunal s'ajourne au mardi 18 avril, à 11 heures 30.

Ainsi fait à Paris, le 14 avril 1893, et ont signé :

Le Président : ALPH. DE COURCEL.

L'Agent des États-Unis : JOHN W. FOSTER.

L'Agent de la Grande-Bretagne : CHARLES H. TUPPER.

Le Secrétaire : A. IMBERT.

The Tribunal assembled at 11.40 a. m., all the Arbitrators being present.

Mr. JAMES C. CARTER resumed his argument.

At 1 o'clock, the Tribunal adjourned for a short time.

On reassembling, Mr. JAMES C. CARTER continued his argument.

At 4 p. m., the Tribunal adjourned to Tuesday, April 18th, at 11.30 a. m.

Done at Paris, the 14th of April 1893, and signed :

The President : ALPH. DE COURCEL.

The Agent for the United States : JOHN W. FOSTER.

The Agent for Great Britain : CHARLES H. TUPPER.

The Secretary : A. IMBERT.

Translation certified to be accurate :

A. BAILLY-BLANCHARD.

H. CUNYNGHAME.

} Co-Secretaries.

PROTOCOLE X.

SÉANCE DU MARDI 18 AVRIL 1893.

Le Tribunal s'est réuni à 11 heures 30, tous les Arbitres étant présents.

Le Président, à l'ouverture de la séance, se référant à quelques paroles qu'il avait prononcées à la fin de la séance précédente, déclare que si, dans le cours des plaidoiries, les Arbitres sont amenés à présenter des observations ou à adresser des questions aux Conseils, ces observations ou ces questions ne doivent pas être considérées comme exprimant une opinion de la part de l'Arbitre qui les formule, et encore moins comme engageant le pays auquel il appartient. Elles sont simplement, pour le Tribunal, un moyen d'obtenir, des représentants des Parties, un éclaircissement plus complet des points en discussion.

Sur l'invitation du Président, M. James C. Carter continue alors son plaidoyer.

La séance est suspendue à 1 heure 30.

A la reprise, M. Carter reprend son argumentation.

A 4 heures, la séance est levée et le Tribunal s'ajourne au lendemain, à 11 heures 30.

Ainsi fait à Paris, le 18 avril 1893, et ont signé :

Le Président : ALPH. DE COURCEL.

L'Agent des États-Unis : JOHN W. FOSTER.

L'Agent de la Grande-Bretagne : CHARLES H. TUPPER.

Le Secrétaire : A. IMBERT.

ENGLISH VERSION.

PROTOCOL X.

MEETING OF TUESDAY APRIL 18th 1893.

The Tribunal assembled at 11.30 a. m., all the Arbitrators being present.

The President, at the opening of the meeting, referring to a few remarks which he had made at the end of the preceding sitting, announced that, if in the course of the arguments, the Arbitrators were led to make observations or to address questions to Counsel, these observations or questions must not be considered as expressing any opinion on the part of the Arbitrator who makes them, and still less as binding the Country to which he belongs. They are simply, so far as the Tribunal is concerned, the means of obtaining from the representatives of the Parties a more complete elucidation of the points under discussion.

Upon the invitation of the President, Mr. James C. Carter then continued his argument.

At 1.30, the Tribunal took a recess.

On the reassembling of the Tribunal, Mr. Carter resumed his argument.

At 4 p. m., the Tribunal adjourned to the next day, at 11.30 a. m.

Done at Paris, the 18th April 1893, and signed :

The President :	ALPH· DE COURCEL.
The Agent for the United States :	JOHN W. FOSTER.
The Agent for Great Britain :	CHARLES H. TUPPER·
The Secretary :	A. IMBERT.

Translation certified to be accurate :

A. BAILLY-BLANCHARD.

H. CUNYNGHAME.

} Co-Secretaries.

seuls.

M. JAMES C. CARTER reprend son argumentation.

La séance est suspendue à 1 heure 30.

A la reprise, M. CARTER continue sa plaidoirie.

A 4 heures, la séance est levée et le Tribunal s'ajourne au lendemain, à 11 heures 30.

Ainsi fait à Paris, le 19 avril 1893, et ont signé :

Le Président : ALPH. DE COURCEL.

L'Agent des États-Unis : JOHN W. FOSTER.

L'Agent de la Grande-Bretagne : CHARLES H. TUPPER.

Le Secrétaire : A. IMBERT.

The Tribunal assembled at 11.30 a. m., all the Arbitrators being present.

Mr. JAMES C. CARTER resumed his argument.

At 1.30, the Tribunal took a recess.

On reassembling, Mr. CARTER continued his argument.

At 4 p. m., the Tribunal adjourned till the next day, at 11.30 a. m.

Done at Paris, the 19th of April 1893, and signed:

The President : ALPH. DE COURCEL.

The Agent for the United States : JOHN W. FOSTER.

The Agent for Great Britain : CHARLES H. TUPPER.

The Secretary : A. IMBERT.

Translation certified to be accurate :

A. BAILLY-BLANCHARD.

H. CUNYNGHAME.

$\Big\}$ Co-Secretaries.

PROTOCOLE XII.

Le Tribunal s'est réuni à 11 heures 30, tous les Arbitres étant présents.

L'Agent des États-Unis fait remettre au Tribunal un recueil de « Citations empruntées à des ouvrages de jurisconsultes et d'économistes comme appendice à l'Argument des États-Unis ».

M. James C. Carter reprend son argumentation de la veille.

La séance est suspendue à 1 heure 30.

A la reprise, M. Carter continue son plaidoyer.

A 4 heures, la séance est levée et le Tribunal s'ajourne au lendemain à 11 heures 30.

Ainsi fait à Paris, le 20 avril 1893, et ont signé :

Le Président : ALPH. DE COURCEL.

L'Agent des États-Unis : JOHN W. FOSTER.

L'Agent de la Grande-Bretagne : CHARLES H. TUPPER.

Le Secrétaire : A. IMBERT.

PROTOCOL XII.

MEETING OF THURSDAY APRIL 20ᵗʰ 1893.

The Tribunal assembled at 11.30 a. m., all the Arbitrators being present.

The Agent for the United States caused to be delivered to the Tribunal a collection of « Citations from the writings of Jurists and Economists as an appendix to the Argument of the United States ».

Mr. JAMES C. CARTER resumed his argument of the preceding day.

A. 1.30, the Tribunal took a recess.

On reassembling, Mr. CARTER continued his argument.

At 4 p. m., the Tribunal adjourned to the next day, at 11.30 a. m.

Done at Paris, the 20ᵗʰ of April 1893, and signed :

The President : ALPH. DE COURCEL.

The Agent for the United States : JOHN W. FOSTER.

The Agent for Great Britain : CHARLES H. TUPPER.

The Secretary : A. IMBERT

Translation certified to be accurate :

A. BAILLY-BLANCHARD.

H. CUNYNGHAME.

} Co-Secretaries

PROTOCOLE XIII.

SÉANCE DU VENDREDI 21 AVRIL 1893.

Le Tribunal s'est réuni à 11 heures 30, tous les Arbitres étant présents.

M. James C. Carter reprend sa plaidoirie.

A 1 heure 30, la séance est suspendue.

A la reprise, M. Carter continue son argumentation.

La séance est levée à 4 heures.

Le Tribunal s'ajourne au mardi 25 avril, à 11 heures 30.

Ainsi fait à Paris, le 21 avril 1893, et ont signé :

Le Président : ALPH. DE COURCEL.

L'Agent des Etats-Unis : JOHN W. FOSTER.

L'Agent de la Grande-Bretagne : CHARLES H. TUPPER.

Le Secrétaire : A. IMBERT.

PROTOCOL XIII.

MEETING OF FRIDAY APRIL 21ˢᵗ 1893.

The Tribunal assembled at 11.30 a. m., all the Arbitrators being present.

Mr. JAMES C. CARTER resumed his argument.

At 1.30, the Tribunal took a recess.

On reassembling, Mr. CARTER continued his argument.

At 4 p. m., the Tribunal adjourned till Tuesday, April 25ᵗʰ, at 11.30.

Done at Paris, the 21ˢᵗ of April 1893, and signed:

The President: ALPH. DE COURCEL.

The Agent for the United States: JOHN W. FOSTER.

The Agent for Great Britain: CHARLES H. TUPPER.

The Secretary: A. IMBERT.

Translation certified to be accurate:

A. BAILLY-BLANCHARD.

H. CUNYNGHAME.

Co-Secretaries.

PROTOCOLE XIV.

Le Tribunal s'est réuni à 11 heures 30, tous les Arbitres étant présents, à l'exception de Lord Hannen, retenu chez lui pour cause de maladie.

Sir Richard Webster se lève pour déclarer que toute décision du Tribunal en vue d'une suspension de ses travaux, pendant le temps nécessaire pour assurer le complet rétablissement de Lord Hannen, serait conforme aux désirs des Conseils du Gouvernement Britannique.

L'honorable E. J. Phelps s'exprime dans le même sens, au nom des Conseils du Gouvernement des États-Unis.

Le Président fait alors connaître que le Tribunal a décidé de s'ajourner jusqu'au mardi 2 mai, à 11 heures 30.

Ainsi fait à Paris, le 25 avril 1893, et ont signé :

Le Président : ALPH. DE COURCEL.

L'Agent des États-Unis : JOHN W. FOSTER.

L'Agent de la Grande-Bretagne : CHARLES H. TUPPER.

Le Secrétaire : A. IMBERT.

ENGLISH VERSION.

PROTOCOL XIV.

MEETING OF TUESDAY APRIL 25th 1893.

The Tribunal assembled at 11.30 a. m., all the Arbitrators being present, with the exception of Lord Hannen confined to his house by illness.

Sir RICHARD. WEBSTER rose and stated that any decision of the Tribunal as to a suspension of its labours during the time necessary to insure the complete recovery of Lord Hannen, would be in accordance with the wishes of the Counsel of the British Government.

The Honourable E. J. PHELPS expressed himself to the same effect in the name of the Counsel of the Government of the United States.

THE PRESIDENT then announced that the Tribunal had decided to adjourn until Tuesday May 2nd, at 11.30 a. m.

Done at Paris, the 25th of April 1893, and signed:

The President : ALPH. DE COURCEL.

The Agent for the United States : JOHN W. FOSTER.

The Agent for Great Britain : CHARLES H. TUPPER.

The Secretary : A. IMBERT.

Translation certified to be accurate :

A. BAILLY-BLANCHARD.

H. CUNYNGHAME.

} Co-Secretaries.

PROTOCOLE XV.

SÉANCE DU MARDI 2 MAI 1893.

Le Tribunal s'est réuni à 11 heures 30, tous les Arbitres étant présents.

M. James C. Carter reprend et achève son argumentation sur les points de droit. Au moment où il passe à l'examen de la question des règlements, Sir Charles Russell fait observer que les Conseils de la Grande-Bretagne sépareront absolument dans la discussion les questions de droit de celles qui concernent la réglementation.

Le Président rappelle que le Tribunal a décidé, sans préjuger aucune question de droit, de laisser aux Conseils des deux Parties, qui se sont mis d'accord à ce sujet, liberté entière de disposer leurs plaidoiries de la façon qui leur convenait, tout en traitant autant que possible séparément les questions de droit et celle des règlements, et prend acte de ce que les deux Parties ont décidé de déférer à cette demande.

La séance est suspendue à 1 heure 30.

A la reprise, M. Carter achève sa plaidoirie.

A 3 heures 30, la séance est levée et le Tribunal s'ajourne au lendemain, à 11 heures 30.

Ainsi fait à Paris, le 2 mai 1893, et ont signé :

Le Président : ALPH. DE COURCEL.

L'Agent des Etats-Unis : JOHN W. FOSTER.

L'Agent de la Grande-Bretagne : CHARLES H. TUPPER.

Le Secrétaire : A. IMBERT.

ENGLISH VERSION.

PROTOCOL XV.

MEETING OF TUESDAY MAY 2nd 1893.

The Tribunal assembled at 11.30 a. m., all the Arbitrators being present.

Mr. JAMES C. CARTER resumed and concluded his argument on the matters relating to rights As he was proceeding to deal with the question of regulations, Sir CHARLES RUSSELL observed that the Counsel of Great Britain would in the discussion keep absolutely separate matters relating to right and those relating to regulations.

THE PRESIDENT recalled the fact that the Tribunal had decided, without prejudging the question of right, to give to Counsel on each side, who had agreed upon this point, full liberty to arrange their arguments in such manner as they thought most convenient, but always, as far as possible, so as to keep the questions of right distinct from the regulations, and added that the Tribunal took note that both Parties had decided to defer to this desire.

At 1.30, the Tribunal took a recess.

On reassembling, Mr. CARTER finished his Argument.

At 3.30 p. m., the Tribunal adjourned till the next day, at 11.30 a. m.

Done at Paris, the 2nd of May 1893, and signed :

The President : ALPH. DE COURCEL.

The Agent for the United States : JOHN W. FOSTER.

The Agent for Great Britain : CHARLES H. TUPPER.

The Secretary : A. IMBERT

Translation certified to be accurate :

A. BAILLY-BLANCHARD

H. CUNYNGHAME.

Co Secretaries

PROTOCOLE XVI.

Le Tribunal s'est réuni à 11 heures 30, tous les Arbitres étant présents.

L'honorable JOHN W. FOSTER annonce qu'il sera très prochainement en mesure de faire distribuer aux Membres du Tribunal le compte rendu sténographique, revu et corrigé, de l'argumentation qu'a terminée la veille M. James C. Carter.

Sur l'invitation du Président, M. FREDERICK R. COUDERT commence alors sa plaidoirie.

La séance est suspendue à 1 heure 30.

A la reprise, M. COUDERT continue son argumentation.

A 4 heures, la séance est levée et le Tribunal s'ajourne au lendemain, à 11 heures 30.

Ainsi fait à Paris, le 3 mai 1893, et ont signé :

Le Président : ALPH. DE COURCEL.

L'Agent des États-Unis : JOHN W. FOSTER.

L'Agent de la Grande-Bretagne : CHARLES H. TUPPER.

Le Secrétaire : A. IMBERT.

PROTOCOL XVI.

MEETING OF WEDNESDAY MAY 3rd 1893.

The Tribunal assembled at 11.30 a. m., all the Arbitrators being present.

The Honourable JOHN W. FOSTER announced that in a very short time, he expected to be able to deliver to the Members of the Tribunal, a short hand report revised and corrected, of Mr. James C. Carter's argument as concluded the previous day.

Upon the invitation of the President, Mr. FREDERICK R. COUDERT then began his argument.

At 1.30, the Tribunal took a recess.

On reassembling, Mr. COUDERT continued his argument.

At 4 p. m., the Tribunal ajourned to the next day, at 11.30 a. m.

Done at Paris, the 3rd of May 1893, and signed :

The President : ALPH. DE COURCEL.

The Agent for the United States : JOHN W. FOSTER.

The Agent for Great Britain : CHARLES H. TUPPER.

The Secretary : A. IMBERT.

Translation certified to be accurate :

A. BAILLY-BLANCHARD.

H. CUNYNGHAME.   } Co-Secretaries.

PROTOCOLE XVII.

SÉANCE DU JEUDI 4 MAI 1893.

Le Tribunal s'est réuni à 11 heures 30, tous les Arbitres étant présents.

M. Frederick R. Coudert reprend sa plaidoirie de la veille.

La séance est suspendue à 1 heure 30.

A la reprise, M. Coudert continue son argumentation.

A 4 heures, la séance est levée et le Tribunal s'ajourne au lendemain, à 11 heures 30.

Ainsi fait à Paris, le 4 mai 1893, et ont signé :

Le Président : ALPH. DE COURCEL.

L'Agent des Etats-Unis : JOHN W. FOSTER.

L'Agent de la Grande-Bretagne : CHARLES H. TUPPER.

Le Secrétaire : A. IMBERT.

ENGLISH VERSION.

PROTOCOL XVII.

MEETING OF THURSDAY MAY 4th 1893.

The Tribunal assembled at 11.30 a. m., all the Arbitrators being present.

Mr. FREDERICK R. COUDERT resumed his argument of the preceding day. At 1.30, the Tribunal took a recess.

On reassembling, Mr. COUDERT continued his argument.

At 4 p. m., the Tribunal adjourned to the next day, at 11.30 a. m.

Done at Paris, the 4th of May 1893, and signed :

The President : ALPH. DE COURCEL.

The Agent for the United States : JOHN W. FOSTER.

The Agent for Great Britain : CHARLES H. TUPPER.

The Secretary : A. IMBERT.

Translation certified to be accurate :

A. BAILLY-BLANCHARD.   ⎫

                      ⎬ Co-Secretaries.

H. CUNYNGHAME.   ⎭

PROTOCOLE XVIII.

Le Tribunal s'est réuni à 11 heures 30, tous les Arbitres étant présents.

M. FREDERICK R. COUDERT reprend son argumentation.

A 1 heure 30, la séance est suspendue.

A la reprise, M. COUDERT continue sa plaidoirie.

A 4 heures, la séance est levée et le Tribunal s'ajourne jusqu'au mardi 9 mai, à 11 heures 30.

Ainsi fait à Paris, le 5 mai 1893, et ont signé :

Le Président : ALPH. DE COURCEL.

L'Agent des États-Unis : JOHN W. FOSTER.

L'Agent de la Grande-Bretagne : CHARLES H. TUPPER.

Le Secrétaire : A. IMBERT.

IMAGE EVALUATION
TEST TARGET (MT-3)

At 1.30, the Tribunal took a recess.

On reassembling, Mr. COUDERT continued his argument.

At 4 p. m., the Tribunal adjourned until Tuesday May 9th, at 11.30 a. m.

Done at Paris, the 5th of May 1893, and signed :

The President : ALPH. DE COURCEL.

The Agent for the United States : JOHN W. FOSTER.

The Agent for Great Britain : CHARLES H. TUPPER.

The Secretary : A. IMBERT.

Translation certified to be accurate :

A. BAILLY-BLANCHARD.

H. CUNYNGHAME.

} Co-Secretaries.

PROTOCOLE XIX.

Le Tribunal s'est réuni à 11 heures 30, tous les Arbitres étant présents.

M. FREDERICK R. COUDERT reprend son argumentation.

A 1 heure 30, la séance est supendue.

A la reprise, M. COUDERT achève sa plaidoirie.

L'Honorable EDWARD J. PHELPS se lève pour annoncer au Tribunal, avant que les Conseils de la Grande-Bretagne commencent leur argumentation, que, dans sa réplique, il s'appuiera sur toutes les citations et propositions contenues dans l'Argument des États-Unis, de la page 130 à la page 190.

LE PRÉSIDENT donne acte à l'Honorable Edward J. Phelps de cette déclaration.

A 4 heures, la séance est levée et le Tribunal s'ajourne au lendemain, à 11 heures 30.

Ainsi fait à Paris, le 9 mai 1893, et ont signé :

Le Président : ALPH. DE COURCEL.

L'Agent des États-Unis : JOHN W. FOSTER.

L'Agent de la Grande-Bretagne : CHARLES H. TUPPER.

Le Secrétaire : A. IMBERT.

On reassembling, Mr. COUDERT concluded his argument.

The Honourable EDWARD J. PHELPS rose to inform the Tribunal, before the Counsel of Great Britain commenced their argument, that in his reply he would rely upon all the authorities and points referred to between pages 130 and 190 of the printed Argument of the United States.

THE PRESIDENT said that the Tribunal would take note of the Honourable Edward J. Phelps's declaration.

At 4 p. m., the Tribunal adjourned to the next day, at 11.30 a. m.

Done at Paris, the 9th of May 1893, and signed :

The President : ALPH. DE COURCEL.

The Agent for the United States : JOHN W. FOSTER.

The Agent for Great Britain : CHARLES H. TUPPER.

The Secretary : A. IMBERT.

Translation certified to be accurate :

A. BAILLY-BLANCHARD.

H. CUNYNGHAME. } Co-Secretaries.

le compte rendu sténographique, revu et corrigé, de l'argumentation de M. James C. Carter.

Sur l'invitation du Président, Sir CHARLES RUSSELL commence sa plaidoirie pour la Grande-Bretagne.

La séance est suspendue à 1 heure 30.

A la reprise, Sir CHARLES RUSSELL continue son argumentation.

A 4 heures, la séance est levée et le Tribunal s'ajourne au lendemain à 11 heures 30.

Ainsi fait à Paris, le 10 mai 1893, et ont signé :

Le Président : ALPH. DE COURCEL.

L'Agent des États-Unis : JOHN W. FOSTER.

L'Agent de la Grande-Bretagne : CHARLES H. TUPPER.

Le Secrétaire : A. IMBERT.

PROTOCOL XX.

MEETING OF WEDNESDAY MAY 10th 1893.

The Tribunal assembled at 11.30 a. m., all the Arbitrators being present.

The Agent of the United States caused to be delivered to the Members of the Tribunal a short hand report, revised and corrected of Mr. James C. Carter's argument.

Upon the invitation of the President, Sir CHARLES RUSSELL began his argument for Great Britain.

At 1.30, the Tribunal took a recess.

On reassembling, Sir CHARLES RUSSELL continued his argument.

At 4 p. m., the Tribunal adjourned to the next day at 11.30 a. m.

Done at Paris, the 10th of May 1893, and signed :

The President : ALPH. DE COURCEL.

The Agent for the United States : JOHN W. FOSTER.

The Agent for Great Britain : CHARLES H. TUPPER.

The Secretary : A. IMBERT.

Translation certified to be accurate :

A. BAILLY-BLANCHARD.

H. CUNYNGHAME.

Co-Secretaries.

PROTOCOLE XXI.

Le Tribunal s'est réuni à 11 heures 30, tous les Arbitres étant présents.

Sir CHARLES RUSSELL reprend son argumentation et annonce qu'il présentera, à une date ultérieure, au nom du Gouvernement de la Grande-Bretagne, une liste des questions de fait sur lesquelles il demande au Tribunal de se prononcer, en exécution de l'article VIII du Traité d'Arbitrage.

LE PRÉSIDENT fait remarquer que le Tribunal réserve son appréciation de ces questions, tout en laissant à Sir CHARLES RUSSELL pleine liberté de traiter le sujet de la manière qui lui conviendra.

La séance est suspendue à 1 heure 30.

A la reprise, Sir CHARLES RUSSELL continue sa plaidoirie.

A 4 heures, la séance est levée et le Tribunal s'ajourne au lendemain à 11 heures 30.

Ainsi fait à Paris, le 11 mai 1893, et ont signé :

Le Président : ALPH. DE COURCEL.

L'Agent des États-Unis : JOHN W. FOSTER.

L'Agent de la Grande-Bretagne : CHARLES H. TUPPER.

Le Secrétaire : A. IMBERT.

PROTOCOL XXI.

MEETING OF THURSDAY MAY 11ᵗʰ 1893.

The Tribunal assembled at 11.30 a. m., all the Arbitrators being present.

Sir CHARLES RUSSELL, in continuing his argument, announced that on a future day he would submit on the part of Great Britain a list of the findings of facts, which the Tribunal was requested to make under section VIII of the Treaty of Arbitration.

THE PRESIDENT remarked that these questions would be considered by the Tribunal with full liberty for Sir CHARLES RUSSELL to deal with the matter as he thought proper.

At 1.30, the Tribunal took a recess.

On reassembling, Sir CHARLES RUSSELL continued his argument.

The Tribunal adjourned at 4 p. m. till 11.30 the next day.

Done at Paris, the 11ᵗʰ of May 1893, and signed :

The President : ALPH. DE COURCEL.

The Agent for the United States : JOHN W. FOSTER.

The Agent for Great Britain : CHARLES H. TUPPER.

The Secretary : A. IMBERT.

Translation certified to be accurate :

A. BAILLY-BLANCHARD.

H. CUNYNGHAME.

{ Co-Secretaries.

PROTOCOLE XXII.

Le Tribunal s'est réuni à 11 heures 30, tous les Arbitres étant présents.

Sir CHARLES RUSSELL reprend sa plaidoirie.

La séance est suspendue à 1 heure 30.

A la reprise, Sir CHARLES RUSSELL continue son argumentation.

A 4 heures, la séance est levée et le Tribunal s'ajourne jusqu'au mardi 16 mai, à 11 heures 30.

Ainsi fait à Paris, le 12 mai 1893, et ont signé :

Le Président : ALPH. DE COURCEL.

L'Agent des États-Unis : JOHN W. FOSTER.

L'Agent de la Grande-Bretagne : CHARLES H. TUPPER.

Le Secrétaire : A. IMBERT.

On reassembling, Sir CHARLES RUSSELL continued his argument.

At 4 p. m., the Tribunal adjourned until Tuesday May 16th at 11.30 a. m.

Done at Paris, the 12th of May 1893, and signed :

The President : ALPH. DE COURCEL.

The Agent for the United States : JOHN W. FOSTER.

The Agent for Great Britain : CHARLES H. TUPPER.

The Secretary : A. IMBERT.

Translation certified to be accurate :

A. BAILLY-BLANCHARD.

H. CUNYNGHAME.

} Co-Secretaries.

La séance est suspendue à 1 heure 30.

A la reprise, Sir CHARLES RUSSELL continue son argumentation.

A 4 heures, la séance est levée et le Tribunal s'ajourne au lendemain à 11 heures 30.

Ainsi fait à Paris, le 16 mai 1893, et ont signé :

Le Président : ALPH. DE COURCEL.

L'Agent des États-Unis : JOHN W. FOSTER.

L'Agent de la Grande-Bretagne : CHARLES H. TUPPER.

Le Secrétaire : A. IMBERT.

ENGLISH VERSION.

PROTOCOL XXIII.

MEETING OF TUESDAY MAY 16th 1893.

The Tribunal assembled at 11.30 a. m., all the Arbitrators being present.

Sir CHARLES RUSSELL resumed his argument.

At 1.30, the Tribunal took a recess.

On reassembling, Sir CHARLES RUSSELL continued his argument.

At 4 p. m., the Tribunal adjourned till 11.30 a. m. the next day.

Done at Paris, the 16th of May 1893, and signed :

The President : ALPH. DE COURCEL.

The Agent for the United States : JOHN W. FOSTER.

The Agent for Great Britain : CHARLES H. TUPPER.

The Secretary : A. IMBERT.

Translation certified to be accurate :

A. BAILLY-BLANCHARD.

H. CUNYNGHAME.

Co-Secretaries.

PROTOCOLE XXIV.

SÉANCE DU MERCREDI 17 MAI 1893.

Le Tribunal s'est réuni à 11 heures 30, tous les Arbitres étant présents.

Sir Charles Russell reprend son argumentation.

A 1 heure 30, la séance est suspendue.

A la reprise, Sir Charles Russell continue sa plaidoirie.

La séance est levée à 3 heures 40 et le Tribunal s'ajourne jusqu'au mardi 23 mai 1893, à 11 heures 30.

Ainsi fait à Paris, le 17 mai 1893, et ont signé :

Le Président : ALPH. DE COURCEL

L'Agent des États-Unis : JOHN W. FOSTER.

L'Agent de la Grande-Bretagne : CHARLES H. TUPPER.

Le Secrétaire : A. IMBERT.

PROTOCOL XXIV.

MEETING OF WEDNESDAY MAY 17th 1893.

The Tribunal assembled at 11.30 a. m., all the Arbitrators being present.

Sir CHARLES RUSSELL resumed his argument.

At 1.30, the Tribunal took a recess.

On reassembling, Sir CHARLES RUSSELL continued his argument.

At 3.40 p. m., the Tribunal adjourned until Tuesday May 23rd 1893, at 11.30 a. m.

Done at Paris, the 17th of May 1893, and signed :

The President : ALPH. DE COURCEL.

The Agent for the United States : JOHN W. FOSTER.

The Agent for Great Britain : CHARLES H. TUPPER.

The Secretary : A. IMBERT.

Translation certified to be accurate :

A. BAILLY-BLANCHARD.

H. CUNYNGHAME.

} Co-Secretaries.

à 11 heures 30.

Ainsi fait à Paris, le 23 mai 1893, et ont signé :

Le Président : ALPH. DE COURCEL.

L'Agent des États-Unis : JOHN W. FOSTER.

L'Agent de la Grande-Bretagne : CHARLES H. TUPPER.

Le Secrétaire : A. IMBERT.

ENGLISH VERSION.

PROTOCOL XXV.

MEETING OF TUESDAY MAY 23rd 1893.

The Tribunal assembled at 11.30 a. m., all the Arbitrators being present.

Sir CHARLES RUSSELL resumed his argument.

At 1:30, the Tribunal took a recess.

On reassembling, Sir CHARLES RUSSELL continued his argument.

At 4 p. m., the Tribunal adjourned to the next day, at 11.30 a. m.

Done at Pàris, the 23rd of May 1893, and signed :

The President : ALPH. DE COURCEL.

The Agent for the United States : JOHN W. FOSTER.

The Agent for Great Britain : CHARLES H. TUPPER.

The Secretary : A. IMBERT.

Translation certified to be accurate :

A. BAILLY-BLANCHARD.

H. CUNYNGHAME.

} Co-Secretaries.

PROTOCOLE XXVI.

Le Tribunal s'est réuni à 11 heures 30, tous les Arbitres étant présents.

Sir CHARLES RUSSELL reprend son argumentation

La séance est suspendue à 1 heure 30.

A la reprise, Sir CHARLES RUSSELL continue sa plaidoirie.

A 4 heures, la séance est levée et le Tribunal s'ajourne au lendemain à 11 heures 30.

Ainsi fait à Paris, le 24 mai 1893, et ont signé :

Le Président : **ALPH. DE COURCEL.**

L'Agent des États-Unis : **JOHN W. FOSTER.**

L'Agent de la Grande-Bretagne : **CHARLES H. TUPPER.**

Le Secrétaire : **A. IMBERT.**

ENGLISH VERSION.

PROTOCOL XXVI.

MEETING OF WEDNESDAY MAY 24ᵗʰ 1893.

The Tribunal assembled at 11.30 a. m., all the Arbitrators being present.

Sir CHARLES RUSSELL resumed his argument.

At 1.30, the Tribunal took a recess.

On reassembling, Sir CHARLES RUSSELL continued his argument.

At 4 p. m., the Tribunal adjourned to the next day, at 11.30 a. m.

Done at Paris, the 24ᵗʰ of May 1893, and signed :

The President : ALPH. DE COURCEL.

The Agent for the United States : JOHN W. FOSTER.

The Agent for Great Britain : CHARLES H. TUPPER.

The Secretary : A. IMBERT.

Translation certified to be accurate :

A. BAILLY-BLANCHARD.

H. CUNYNGHAME.

} Co-Secretaries.

sents,

Sir CHARLES RUSSELL reprend sa plaidoirie.

La séance est suspendue à 1 heure 30.

A la reprise, Sir CHARLES RUSSELL poursuit son argumentation.

A 4 heures, la séance est levée et le Tribunal s'ajourne au lendemain à 11 heures 30.

Ainsi fait à Paris, le 25 mai 1893, et ont signé :

Le Président : ALPH. DE COURCEL.

L'Agent des États-Unis : JOHN W. FOSTER.

L'Agent de la Grande-Bretagne : CHARLES H. TUPPER.

Le Secrétaire : A. IMBERT.

ENGLISH VERSION.

PROTOCOL XXVII.

MEETING OF THURSDAY MAY 25th 1893.

The Tribunal assembled at 11.30 a. m., all the Arbitrators being present.

Sir CHARLES RUSSELL resumed his argument.

At 1.30, the Tribunal took a recess.

On reassembling, Sir CHARLES RUSSELL continued his argument.

At. 4 p. m., the Tribunal adjourned to the next day, at 11. 30 a. m.

Done at Paris, the 25th of May 1893, and signed :

The President : ALPH. DE COURCEL.

The Agent for the United States : JOHN W. FOSTER.

The Agent for Great Britain : CHARLES H. TUPPER.

The Secretary : A. IMBERT.

Translation certified to be accurate :

A. BAILLY-BLANCHARD.

H. CUNYNGHAME.

} Co-Secretaries.

PROTOCOLE XXVIII.

SÉANCE DU VENDREDI 26 MAI 1893.

Le Tribunal s'est réuni à 11 heures 30, tous les Arbitres étant présents.

Sir CHARLES RUSSELL reprend son argumentation.

La séance est suspendue à 1 heure 30.

A la reprise, Sir CHARLES RUSSELL continue sa plaidoirie.

A 4 heures, la séance est levée et le Tribunal s'ajourne jusqu'au mardi 30 mai à 11 heures 30.

Ainsi fait à Paris, le 26 mai 1893, et ont signé :

Le Président : ALPH. DE COURCEL.

L'Agent des États-Unis : JOHN W. FOSTER.

L'Agent de la Grande-Bretagne : CHARLES H. TUPPER.

Le Secrétaire : A. IMBERT.

PROTOCOL XXVIII.

MEETING OF FRIDAY MAY 26ᵗʰ 1893.

The Tribunal assembled at 11.30 a. m., all the Arbitrators being present.

Sir CHARLES RUSSELL resumed his argument.

At 1.30, the Tribunal took a recess.

On reassembling, Sir CHARLES RUSSELL continued his argument.

At 4 p. m., the Tribunal adjourned until Tuesday May 30ᵗʰ, at 11.30 a. m.

Done at Paris, the 26ᵗʰ of May 1893, and signed :

The President : ALPH. DE COURCEL.

The Agent for the United States : JOHN W. FOSTER.

The Agent for Great Britain : CHARLES H. TUPPER.

The Secretary : A. IMBERT.

Translation certified to be accurate :

A. BAILLY-BLANCHARD.

H. CUNYNGHAME.

} Co-Secretaries.

PROTOCOLE XXIX.

SÉANCE DU MARDI 30 MAI 1893.

Le Tribunal s'est réuni à 11 heures 30, tous les Arbitres étant présents.

Sir CHARLES RUSSELL reprend son argumentation.

A 1 heure 30, la séance est suspendue.

A la reprise, Sir CHARLES RUSSELL continue sa plaidoirie.

La séance est levée à 4 heures, et le Tribunal s'ajourne au lendemain à 11 heures 30.

Ainsi fait à Paris, le 30 mai 1893, et ont signé :

Le Président : ALPH. DE COURCEL.

L'Agent des États-Unis : JOHN W. FOSTER.

L'Agent de la Grande-Bretagne : CHARLES H. TUPPER.

Le Secrétaire : A. IMBERT.

PROTOCOL XXIX.

MEETING OF TUESDAY MAY 30th 1893.

The Tribunal assembled at 11.30 a. m., all the Arbitrators being present.

Sir CHARLES RUSSELL resumed his argument.

A. 1.30, the Tribunal took a recess.

On reassembling, Sir CHARLES RUSSELL continued his argument.

At 4 p. m., the Tribunal adjourned to the next day, at 11. 30 a. m.

Done at Paris, the 30th of May 1893, and signed :

The President : ALPH. DE COURCEL.

The Agent for the United States : JOHN W. FOSTER.

The Agent for Great Britain : CHARLES H. TUPPER.

The Secretary : A. IMBERT.

Translation certified to be accurate :

A. BAILLY-BLANCHARD.

H. CUNYNGHAME.

} Co-Secretaries.

PROTOCOLE XXX.

Le Tribunal s'est réuni à 11 heures 30, tous les Arbitres étant présents.

Sir CHARLES RUSSELL, au cours de sa plaidoirie, présente au Tribunal le document suivant :

« Le Gouvernement de la Grande-Bretagne, ayant soumis aux Arbitres
« certains points de fait compris dans les réclamations de dommages-
« intérêts présentés dans l'Annexe au mémoire britannique, pages 1 à 60
« inclusivement, prie le Tribunal de décider comme suit à ce sujet :

« 1. Que les diverses visites et saisies de navires ou de marchandises
« et les différentes arrestations de capitaines et d'équipages, mentionnées
« respectivement dans ladite annexe, ont été faites par autorité du Gou-
« vernement des États-Unis;

« 2. Qu'elles ont été effectuées dans des eaux non territoriales;

« 3. Que les diverses visites, saisies, condamnations et confiscations
« de navires ou de marchandises, les différentes arrestations et amendes,
« et les divers emprisonnements ont été motivés par de prétendues
« violations des lois nationales des États-Unis, lesquelles prétendues
« violations avaient toutes été commises en haute mer, en dehors des eaux
« territoriales des États-Unis;

« 4. Que les différents ordres mentionnés dans ladite annexe, enjoi-
« gnant à certains navires d'avoir à s'abstenir de poursuivre leurs voyages,
« ont été donnés en haute mer, en dehors des eaux territoriales, en vertu
« de l'autorité du Gouvernement des États-Unis et en exécution des lois
« nationales des États-Unis; enfin :

« 5. Que lesdites visites, saisies, condamnations, confiscations,
« amendes, n'ont été opérées ou imposées, que lesdits emprisonnements
« et ordres n'ont été infligés et donnés en vertu d'aucune prétention ou
« assertion de droit ou de juridiction, autres que celles qui sont soumises

« à la décision des Arbitres par les questions posées dans l'Article VI du
« Traité d'Arbitrage. »

Sir CHARLES RUSSELL déclare en outre que la Grande-Bretagne ne
soumettra au Tribunal aucune conclusion tendant à des dommages-
intérêts en vertu et par application de l'Article V de la Convention ou
du *modus vivendi* du 18 avril 1892.

L'Honorable E. J. PHELPS déclare que les États-Unis ne soumettront,
de leur côté, au Tribunal aucune conclusion tendant à des dommages-
intérêts en vertu et par application de l'Article V de la Convention ou
du *modus vivendi* du 18 avril 1892.

Sir CHARLES RUSSELL achève ensuite son argumentation.

Sir RICHARD WEBSTER commence alors sa plaidoirie pour la Grande-
Bretagne.

La séance est suspendue à 1 heure 30.

A la reprise, Sir RICHARD WEBSTER continue sa plaidoirie.

La séance est levée à 4 heures, et le Tribunal s'ajourne au lendemain
à 11 heures 30.

Ainsi fait à Paris, le 31 mai 1893, et ont signé :

Le Président : ALPH. DE COURCEL.

L'Agent des États-Unis : JOHN W. FOSTER.

L'Agent de la Grande-Bretagne : CHARLES H. TUPPER.

Le Secrétaire : A. IMBERT.

PROTOCOL XXX.

MEETING OF WEDNESDAY MAY 31ˢᵗ 1893.

The Tribunal assembled at 11.30 a. m., all the Arbitrators being present.

Sir CHARLES RUSSELL, in continuation of his argument, presented to the Tribunal the following paper :

The British Government having submitted to the Arbitrators certain questions of fact as involved in the claims for damage set forth in the Schedule to the British Case pages 1 to 60 inclusive, ask for the following findings thereon, namely :

1. That the several searches and seizures, whether of ships or goods, and the several arrest of masters and crews, respectively mentioned in the said schedule, were made by the autority of the United States Government.

2. That they were made in non-territorial waters.

3. That the several searches, seizures, condemnations and confiscations whether of ships or goods, and the several arrests, fines and imprisonments, were for alleged breaches of municipal laws of the United States, which alleged breaches were wholly committed on the high seas outside the territorial waters of the United States.

4. That the several orders, mentioned in the said schedule, whereby ships were prevented from pursuing their voyages, were given on the high seas outside territorial waters, under the authority of the United States Government and in execution of the municipal laws of the United States, and

5. That the said several searches, seizures, condemnations, confiscations, fines, imprisonments, and orders were not made, imposed or given under any claim or assertion of right or jurisdiction except such as is submitted to the decision of the Arbitrators by the questions in Article VI of the Treaty of Arbitration.

Sir CHARLES RUSSELL further announced that Great Britain would not ask the Tribunal for any finding for damages upon and under Article 5 of the Convention or *modus vivendi* of April 18, 1892.

The Honourable EDVARD J. PHELPS announced that the United States would not, on its behalf, ask the Tribunal for any finding for damages upon and under Article 5 of the Convention or *modus vivendi* of April 18, 1892.

Sir CHARLES RUSSELL then concluded his argument.

Sir RICHARD WEBSTER then commenced his argument on behalf of Great Britain.

At 1.30, the Tribunal took a recess.

On reassembling Sir RICHARD WEBSTER continued his argument.

At 4 p. m., the Tribunal adjourned to the next day, at 11.30 a. m.

Done a Paris, the 31st of May 1893, and signed :

The President : **ALPH. DE COURCEL.**

The Agent for the United States : **JOHN W. FOSTER.**

The Agent for Great Britain : **CHARLES H. TUPPER.**

The Secretary : **A. IMBERT.**

Translation certified to be accurate :

A. BAILLY-BLANCHARD.

H. CUNYNGHAME.

} Co-Secretaries.

PROTOCOLE XXXI.

SÉANCE DU JEUDI 1er JUIN 1893.

Le Tribunal s'est réuni à 11 heures 30, tous les Arbitres étant présents.

Sir Richard Webster continue sa plaidoirie.

La séance est suspendue à 1 heure 30.

A la reprise, Sir Richard Webster poursuit son argumentation.

A 4 heures, la séance est levée et le Tribunal s'ajourne au lendemain à 11 heures 30.

Ainsi fait à Paris, le 1er juin 1893, et ont signé :

Le Président : **ALPH. DE COURCEL.**

L'Agent des États-Unis : **JOHN W. FOSTER.**

L'Agent de la Grande-Bretagne : **CHARLES H. TUPPER.**

Le Secrétaire : **A. IMBERT.**

ENGLISH VERSION.

PROTOCOL XXXI.

MEETING OF THURSDAY JUNE 1st 1893.

The Tribunal assembled at 11.3o a. m., all the Arbitrators being present.

Sir RICHARD WEBSTER resumed his argument.

At 1.3o, the Tribunal took a recess.

On reassembling, Sir RICHARD WEBSTER continued his argument.

At 4). m., the Tribunal adjourned to the next day, at 11.3o a. m.

Done at Paris, the 1st of June 1893, and signed :

The President : ALPH. DE COURCEL.

The Agent for the United States : JOHN W. FOSTER.

The Agent for Great Britain : CHARLES H. TUPPER.

The Secretary : A. IMBERT.

Translation certified to be accurate :

A. BAILLY-BLANCHARD.

H. CUNYNGHAME.

Co-Secretaries.

PROTOCOLE XXXII.

SÉANCE DU VENDREDI 2 JUIN 1893.

Le Tribunal s'est réuni à 11 heures 30, tous les Arbitres étant présents.

Sir Richard Webster reprend son argumentation.

La séance est suspendue à 1 heure 30.

A la reprise, Sir Richard Webster continue sa plaidoirie.

À 4 heures, la séance est levée et le Tribunal s'ajourne jusqu'au mardi 6 juin à 11 heures 30.

Ainsi fait à Paris, le 2 juin 1893, et ont signé :

Le Président : ALPH. DE COURCEL.

L'Agent des États-Unis : JOHN W. FOSTER.

L'Agent de la Grande-Bretagne : CHARLES H. TUPPER.

Le Secrétaire : A. IMBERT.

PROTOCOL XXXII.

MEETING OF FRIDAY JUNE 2ⁿᵈ 1893.

The Tribunal assembled at 11.30 a. m., all the Arbitrators being present.

Sir RICHARD WEBSTER resumed his argument.

At 1.30, the Tribunal took a recess.

On reassembling, Sir RICHARD WEBSTER continued his argument.

At 4 p. m., the Tribunal adjourned until Tuesday June 6ᵗʰ, at 11.30 a. m.

Done at Paris, the 2ⁿᵈ of June 1893, and signed:

The President: ALPH. DE COURCEL.

The Agent for the United States: JOHN W. FOSTER.

The Agent for Great Britain: CHARLES H. TUPPER.

The Secretary: A. IMBERT.

Translation certified to be accurate:

A. BAILLY-BLANCHARD.

H. CUNYNGHAME. } Co-Secretaries.

PROTOCOLE XXXIII.

SÉANCE DU MARDI 6 JUIN 1893.

Le Tribunal s'est réuni à 11 heures 30, tous les Arbitres étant présents.

S. E. M. GRAM, Arbitre désigné par la Suède et la Norvège, donne lecture de la déclaration suivante:

« Le premier volume de l'Appendice au mémoire des États-Unis « donne le texte de la loi et des règlements concernant la protection des « baleines sur la côte de Finmark.

J'avais l'intention d'expliquer ultérieurement à mes collègues ces « lois et règlements en indiquant les circonstances naturelles qui ont « obligé la Norvège et la Suède à adopter une législation spéciale pour « les eaux territoriales, et d'exprimer en même temps mon opinion sur « la question de savoir si cette législation et les questions auxquelles elle « se rapporte peuvent être considérées comme ayant quelque portée à « l'égard des questions actuellement débattues.

« Comme, toutefois, on a fait allusion, à plusieurs reprises, pendant « les dernières séances, à la législation norvégienne, sur la matière, « j'estime qu'il y aurait présentement intérêt à donner un bref exposé « des traits les plus saillants de cette législation.

« Le caractère particulier de la loi norvégienne citée par les Conseils « des États-Unis consiste dans la détermination d'une saison fermée « pour la pêche de la baleine. Quant à ses prescriptions au sujet des « eaux intérieures et territoriales, elles ne sont, en somme, que l'appli- « cation à un cas spécial des principes généraux établis par la législation « norvégienne en ce qui concerne les golfes et les eaux baignant les « côtes. Un coup d'œil sur la carte suffira pour montrer le grand nombre « de ces golfes — ou « fjörds » — et leur importance pour les habitants de ! la Norvège. Certains de ces fjörds ont une étendue considérable, pénè- trent très avant à l'intérieur du pays et ont une très large embouchure. Ils ont été, toutefois, depuis un temps immémorial, considérés comme

« des eaux intérieures, et ce principe a toujours été maintenu, même
« à l'égard des étrangers.

« Il y a plus de vingt ans, un Gouvernement étranger se plaignit de
« ce qu'on eût empêché un navire de sa nationalité de pêcher dans un
« des plus grands fjörds du nord de la Norvège. — Les opérations de
« pêche qui ont lieu dans ces parages pendant les quatre premiers mois
« de l'année sont d'une très grande importance pour le pays : une tren-
« taine de mille personnes s'y réunissent chaque année, du Nord et du
« Sud, pour gagner leur vie. Le Gouvernement soumet à son inspection
« les opérations de pêche dans les eaux du fjörd, abrité par une rangée
« d'îles contre la violence de la mer. — L'apparition dans ces eaux
« d'un navire étranger émettant la prétention de prendre part à cette
« pêche était un fait sans précédent, et, dans la correspondance diplo-
« matique échangée à ce sujet, le Gouvernement norvégien insista éner-
« giquement sur le droit exclusif qu'avaient ses sujets, par suite d'un
« usage immémorial, de pratiquer cette industrie.

« La Suède et la Norvège n'ont, d'ailleurs, jamais reconnu la distance
« de trois milles comme formant la délimitation de leurs eaux territoriales.
« Jamais ces deux pays n'ont conclu aucune convention ni adhéré à
« aucun traité consacrant cette règle. Leurs lois nationales ont généra-
« lement fixé la limite à un mille géographique ou à un quinzième de
« degré de latitude, soit quatre milles marins. — Ils n'ont jamais admis
« aucune limite inférieure. En fait, relativement à la question des droits
« de pêche, si importants pour l'un et l'autre des deux royaumes unis, les-
« dites limites ont semblé, dans beaucoup de cas, encore trop restreintes.
« Quant à cette question et à celles qui s'y rattachent, je désire me
« reporter aux communications faites par les membres norvégiens et
« suédois, au cours des séances de l'Institut de droit international, en
« 1891 et 1892. — Je tiens aussi, en ce qui touche le sujet que je viens
« de traiter sommairement, à me référer aux comptes rendus des tra-
« vaux de la conférence de la Haye en 1882 (Nouveau Recueil général
« de Martens, IIe série, vol. IX), où se trouvent exposées les raisons
« pour lesquelles la Suède et la Norvège n'ont pas adhéré au traité de
« La Haye ».

Le Président prie les Conseils des deux parties d'avoir présentes à
l'esprit les observations de S. E. M. Gram, au cas où ils auraient à citer
l'exemple des eaux de la Norvège; mais il croit devoir rappeler que
la question de la définition des eaux territoriales n'est pas soumise aux

Arbitres et qu'il n'est pas dans les intentions du Tribunal d'exprimer une opinion en ce qui concerne cette définition.

Sir RICHARD WEBSTER reprend alors son argumentation.

La séance est suspendue à 1 heure 30.

A la reprise, Sir RICHARD WEBSTER continue sa plaidoirie.

A 4 heures, la séance est levée et le Tribunal s'ajourne au lendemain à 11 heures 30.

Ainsi fait à Paris, le 6 juin 1893, et ont signé :

Le Président : ALPH. DE COURCEL.

L'Agent des États-Unis : JOHN W. FOSTER.

L'Agent de la Grande-Bretagne : CHARLES H. TUPPER.

Le Secrétaire : A. IMBERT.

PROTOCOL XXXIII.

MEETING OF TUESDAY JUNE 6th 1893.

The Tribunal assembled at 11.30 a. m., all the Arbitrators being present.

H. E. M. GRAM, the Arbitrator designated by Sweden and Norway, read the following statement:

« The Appendix Vol. I to the United States Case gives the text of the law and
« regulations relating to the protection of whales on the coast of Finnmarken.
« It was my intention later on to explain to my colleagues these laws and regu-
« lations, in supplying some information about the natural conditions of Norway
« and Sweden which have necessitated the establishment of special rules con-
« cerning the territorial waters, and to state at the same time my opinion as to
« whether those rules and their subject matter may be considered as having any
« bearing upon the present case. As, however, in the latest sittings reference
« has repeatedly been made to the Norwegian legislation concerning this matter,
« I think it might be of some use at the present juncture to give a very brief
« relation of the leading features of those rules.

« The peculiarity of the Norwegian law quoted by the Counsel for the United
« States, consists in its providing for a close season for the whaling. As to its
« stipulations about inner and territorial waters, such stipulations are simply
« applications to a special case of the general principles laid down in the Nor-
« wegian legislation concerning the gulfs and the waters washing the coasts. A
« glance on the map will be sufficient to show the great number of gulfs or
« fiords, and their importance for the inhabitants of Norway. Some of these
« fiords have a considerable development, stretching themselves far into the
« country and being at their mouth very wide. Nevertheless they have been
« from time immemorial considered as inner waters, and this principle has
« always been maintained, even as against foreign subjects.

« More than twenty years ago, a foreign Government once complained that
« a vessel of their nationality had been prevented from fishing in one of the
« largest fiords of Norway, in the northern part of the country. The fishing car-
« ried on in that neighbourhood during the first four months of every year, is
« of extraordinary importance to the country, some 30,000 people gathering
« there from South and North, in order to earn their living. A Government
« inspection controls the fishing going on in the waters of the fiord, sheltered
« by a range of islands against the violence of the sea. The appearance in these
« waters of a foreign vessel pretending to take its share of the fishing, was an
« unheard of occurrence, and in the ensuing diplomatic correspondence the

« exclusive right of Norwegian subjects to this industry was energetically
« insisted u,on as founded on immemorial ,ractice.

« Besides Norway and Sweden have never recognized the three miles limit
« as the confines of their territorial waters. They have neither concluded nor
« acceded to any treaty consecrating that rule. By their munici,al laws the limit
« has generally been fixed at one geogra,hical mile, one-fifteenth ,art of a
« degree of latitude, or four marine miles ; no narrower limit having ever been
« ado,ted. In fact, in regard to this question of the fishing rights, so im,ortant
« to both of the United Kingdoms, the said limits have in many instances been
« found to be even too narrow. As to this question and others therewith con-
« nected, I beg to refer to the communications ,resented by the Norwegian and
« Swedish members in the sittings of the *Institut de Droit International* in 1891
« and 1892. I wish also to refer, concerning the subject which I have now very
« briefly treated, to the ,roceedings of the Conference of the Hague, in 1882
« (*Martens, Nouveau Recueil général, IIe série, volume IX*), containing the reasons
« why Sweden and Norway have not adhered to the Treaty of the Hague. »

The President requested that Counsel on both sides would bear in mind
the observations of H. E. M. Gram, in case they found it necessary to cite the
exam,le of the waters of Norway, but thought it his duty to remind them that
the question of the definition of territorial waters, was not submitted to the
Arbitrators, and that it was not the intention of the Tribunal to express any
o,inion with respect to that definition.

Sir RICHARD WEBSTER then resumed his argument.

At 1.30, the Tribunal took a recess.

On reassembling, Sir RICHARD WEBSTER continued his argument.

At 4 ,. m., the Tribunal adjourned to the next day, at 11.30 a. m.

Done at Paris, the 6th of June 1893, and signed :

The President: ALPH. DE COURCEL.

The Agent for the United States : JOHN W. FOSTER.

The Agent for Great Britain : CHARLES H. TUPPER.

The Secretary : A. IMBERT.

Translation certified to be accurate :

A. BAILLY-BLANCHARD. }
H. CUNYNGHAME. } Co-Secretaries.

PROTOÇOLE XXXIV.

Le Tribunal s'est réuni à 11 heures 30, tous les arbitres étant présents.

Sir RICHARD WEBSTER reprend et termine son argumentation.

M. CHRISTOPHER ROBINSON commence ensuite son plaidoyer.

La séance est suspendue à 1 heure 30.

A la reprise, M. Robinson continue son argumentation.

A 4 heures, la séance est levée et le Tribunal s'ajourne au lendemain à 11 heures.

Ainsi fait à Paris, le 7 juin 1893, et ont signé :

Le Président : ALPH. DE COURCEL.

L'Agent des États-Unis : JOHN W. FOSTER.

L'Agent de la Grande-Bretagne : CHARLES H. TUPPER.

Le Secrétaire : A. IMBERT.

PROTOCOL XXXIV.

MEETING OF WEDNESDAY JUNE 7th 1893.

The Tribunal assembled at 11.30 a. m., all the Arbitrators being present.

Sir RICHARD WEBSTER resumed and concluded his argument.

Mr. CRISTOPHER ROBINSON then began his argument.

At 1.30, the Tribunal took a recess.

On reassembling, Mr ROBINSON continued his argument.

At 4. p. m., the Tribunal adjourned to the next day, at 11 o'clock.

Done at Paris, the 7th of June 1893, and signed:

The President: ALPH. DE COURCEL.

The Agent for the United States: JOHN W. FOSTER.

The Agent for Great Britain: CHARLES H. TUPPER.

The Secretary: A. IMBERT.

Translation certified to be accurate:

A. BAILLY-BLANCHARD. }
H. CUNYNGHAME.   } Co-Secretaries.

PROTOCOLE XXXV.

SÉANCE DU JEUDI 8 JUIN 1893.

Le Tribunal s'est réuni en Chambre du Conseil à 11 heures, tous les Arbitres étant présents.

La séance publique a commencé à midi.

M. Christopher Robinson continue et achève son argumentation.

L'Agent des États-Unis donne alors lecture de la déclaration suivante :

« Le Gouvernement des États-Unis, — pour le cas où la solution « donnée par le Haut Tribunal à certaines questions indiquées dans l'Ar- « ticle VII du traité comme étant les « questions ci-dessus relatives à la « juridiction exclusive des États-Unis » serait, ainsi qu'il est énoncé dans « ledit Article VII, « telle que le concours de la Grande-Bretagne soit « nécessaire à l'institution de Règlements en vue de la protection efficace « et de la conservation des phoques à fourrure habitant ou fréquentant « habituellement la mer de Behring », — expose que les règlements « suivants sont nécessaires et devraient s'appliquer aux eaux dont il « sera fait mention à cet effet ci-après :

« *Premièrement.* — Aucun citoyen ou sujet des États-Unis ou de la « Grande-Bretagne ne pourra, de quelque façon que ce soit, tuer, cap- « turer ou poursuivre sur aucun point de la mer, dans les bornes et « limites ci-après marquées pour la mise en vigueur du présent règle- « ment, aucun des animaux communément appelés « phoques à four- « rure ».

« *Deuxièmement.* — Le règlement qui précède s'appliquera et s'étendra « à toutes les eaux de l'Océan Pacifique Septentrional ou de la mer de « Behring, au nord du trente-cinquième parallèle de latitude Nord, et « à l'est du cent quatre-vingtième méridien de longitude Ouest de « Greenwich, en dehors des limites de la juridiction des nations ci- « dessus mentionnées. Toutefois il ne s'appliquera pas à la poursuite et « à la capture desdits phoques par les Indiens résidant sur les côtes des « territoires de la Grande-Bretagne ou des États-Unis, pour leur

« usage personnel, au moyen de harpons, dans des pirogues ou embar-
« cations non pontées, non embarquées sur d'autres navires ou déta-
« chées de ceux-ci, manœuvrées uniquement à la pagaie, et qui ne
« soient pas montées par plus de deux hommes chacune, de la façon
« anciennement pratiquée par ces Indiens. »

« *Troisièmement.* — Tout vaisseau, navire, bateau ou autre embarca-
« tion (en dehors des pirogues ou embarcations mentionnées et décrites
« dans le paragraphe précédent), appartenant aux citoyens ou sujets de
« l'une ou l'autre des nations susdites, qui serait trouvé détruisant,
« poursuivant ou capturant lesdits phoques, ou engagé dans un voyage
« ayant ce but, dans les eaux ci-dessus délimitées et décrites, pourra,
« avec ses agrès, apparaux, matériel, provisions et toutes les peaux de
« phoque qui se trouveraient à bord, être capturé et saisi comme prise
« par tout navire armé pour le service public de l'une ou l'autre des
« susdites nations; et dans le cas d'une telle capture, il pourra être
« amené dans tout port de la nation à laquelle appartiendrait le navire
« capteur et être condamné en suite d'une procédure devant tout tribu-
« nal ayant juridiction compétente, laquelle procédure sera conduite,
« autant que faire se pourra, conformément aux usages et à la pratique
« des cours d'Amirauté siégeant comme tribunaux de prises. »

L'Agent des États-Unis donne également lecture de la proposition
suivante :

« Le Gouvernement des États-Unis propose de substituer aux conclu-
« sions de fait présentées par le Gouvernement de la Grande-Bretagne
« les conclusions suivantes. Dire :

« 1. Que les diverses visites et saisies de navires ou de marchandises
« et les différentes arrestations de capitaines et d'équipages, mention-
« nées respectivement dans ladite annexe ont été faites par autorité du
« gouvernement des États-Unis. Sur la question de savoir quels navires
« et combien parmi les navires mentionnés dans cette annexe étaient en
« tout ou en partie la propriété de sujets britanniques, et quels navires
« et combien parmi ces navires étaient en tout ou en partie la propriété
« de citoyens américains, le Tribunal ne se prononce pas. Il ne déter-
« mine pas non plus la valeur de ces navires ou de leurs cargaisons,
« ensemble ou séparément. »

« 2. Que les susdites saisies ont été faites en mer à plus de dix milles
« de toute côte.

« 3. Que lesdites visites et saisies de navires ont été faites par des
« navires arm's pour le service public des États-Unis, dont les comman-
« dants avaient reçu, toutes les fois qu'elles ont eu lieu, dû pouvoir
« exécutif du Gouvernement des États-Unis, des instructions dont un
« exemplaire est reproduit en copie ci-après (annexe A), les autres exem-
« plaires desdites instructions étant conformes à ce modèle sur tous les
« points essentiels; — que dans toutes les occasions où des poursuites
« entamées devant les cours de district des États-Unis ont été suivies de
« condamnations, ces poursuites ont débuté par le dépôt d'un acte d'ac-
« cusation, dont une copie est annexée ci-dessous (annexe B), les actes
« d'accusation déposés dans les autres procédures étant, en tous points
« essentiels, semblables à ce modèle; — que les actes ou délits allégués
« comme motifs de ces visites et saisies ont été accomplis ou commis en
« mer à plus de dix milles de toute côte; et que, dans tous les cas où
« une condamnation a été prononcée, excepté dans les cas où le navire
« a été relâché après condamnation, la prise a été approuvée par le Gou-
« vernement des États-Unis; — que les amendes et emprisonnements
« susdits ont été prononcés à raison d'infractions aux lois nationales des
« États-Unis, infractions toutes commises en mer à plus de dix milles
« de toute côte.

« 4. Que les différents ordres, mentionnés dans ladite annexe, enjoi-
« gnant à certains navires de quitter la mer de Behring, ont été donnés
« par des navires armés pour le service public des États-Unis, dont les
« commandants avaient, toutes les fois qu'ils donnaient ces ordres, des
« instructions conformes à celles mentionnées ci-dessus sous le n° 3, et
« que les navires qui ont reçu ces sommations étaient occupés à la chasse
« des phoques ou faisaient route pour entreprendre cette chasse.

« 5. Que lesdites visites, saisies, condamnations, confiscations,
« amendes, n'ont été opérées ou imposées; que lesdits emprisonnements
« et ordres n'ont été infligés et donnés en vertu d'aucune prétention ou
« affirmation de droit ou de juridiction, autre que celles qui sont sou-
« mises à la décision des Arbitres par les questions posées dans l'Ar-
« ticle vi du Traité d'Arbitrage.

« 6. Que les cours de district des États-Unis devant lesquelles des
« poursuites ont été entamées ou suivies pour obtenir des condamna-

« tions contre les navires saisis dont il est fait mention dans l'annexe au
« mémoire de la Grande-Bretagne, pages 1 à 60 inclusivement, avaient
« tous droits de juridiction et pouvoirs appartenant aux cours d'Ami-
« rauté, y compris la juridiction de tribunaux de prises. »

ANNEXE A.

(*TRADUCTION.*)

(Voir : Contre-Mémoire anglais, Appendice. Vol. I, p. 72.)

DÉPARTEMENT DU TRÉSOR, CABINET DU SECRÉTAIRE.

Washington, 21 avril 1886.

MONSIEUR,

Comme suite à une lettre du Département, en date de ce jour, vous enjoignant de vous diriger avec le vapeur du service des douanes *Béar*, placé sous
votre commandement, vers les îles aux phoques, vous êtes par les présentes
investi de tous les pouvoirs nécessaires pour assurer l'exécution de la loi dont
les termes sont contenus dans la section 1956 des Statuts revisés des États-
Unis, et ordre vous est donné de saisir tout navire, et d'arrêter et livrer aux
autorités compétentes tout individu ou toutes personnes que vous trouveriez
agissant en violation de la loi susmentionnée, après qu'un avertissement
suffisant leur aura été donné.

Vous saisirez également tous spiritueux et armes à feu que l'on chercherait
à introduire dans le pays sans une permission en règle, en exécution de la
Section 1955 des Statuts revisés et de la proclamation du Président en date
du 4 février 1870.

Respectueusement à vous,

Signé : C. S. FAIRCHILD,

Secrétaire par intérim.

Au Capitaine M. A. HEALY, commandant le vapeur du service des douanes
Bear, à San-Francisco (Californie).

ANNEXE B.

(*TRADUCTION.*)

(Voir : Mémoire de la Grande-Bretagne, app. vol. III, États-Unis, n° 2, 1890, p. 65.)

DEVANT LA COUR DE DISTRICT DES ÉTATS-UNIS

POUR LE DISTRICT D'ALASKA.

SESSION (*SPECIAL TERM*) D'AOÛT 1886.

A l'Honorable LAFAYETTE DAWSON, juge de ladite Cour de district,

Le réquisitoire à fin d'information par lequel M. D. Ball, Attorney des États-
Unis pour le district d'Alaska, poursuivant au nom des États-Unis et présent
ici devant la Cour, en sa personne, comme représentant des États-Unis et en
leur nom, contre la goélette *Thornton*, ses agrès, apparaux, embarcations, car-

gaison et matériel, et contre toutes personnes intervenant comme ayant des
intérêts engagés dans ce navire, en poursuite à fin de confiscation, présente
les allégations et déclarations suivantes :

Que Charles A. Abbey, officier du service des douanes maritimes des États-
Unis, chargé d'une mission spéciale dans les eaux du district d'Alaska, antérieurement au présent jour, à savoir le 1er août 1886, dans les limites du
territoire d'Alaska et dans ses eaux, et dans les limites du district civil et judiciaire d'Alaska, à savoir dans l'étendue des eaux de cette partie de la mer de
Behring qui appartient audit district, dans des eaux navigables pour des navires
venant de la haute mer et jaugeant 10 tonneaux ou au-dessus, a saisi le vaisseau
ou navire communément dénommé goélette, le *Thornton*, ses agrès, apparaux,
embarcations, cargaison et matériel, lesquels étaient la propriété d'une ou de
plusieurs personnes inconnues dudit Attorney, et les a confisqués au profit des
États-Unis pour les causes ci-après :

Que ledit navire ou goélette a été trouvé se livrant à la destruction des
phoques à fourrure, dans les limites du territoire d'Alaska et de ses eaux, en
violation des dispositions de la Section 1956 des Statuts revisés des États-Unis.

Et ledit Attorney déclare que toutes les propositions ci-dessus énoncées et
chacune d'elles sont et étaient vraies, et qu'elles tombent sous la juridiction
maritime et d'amirauté de cette Cour, et que, pour cette raison, et en exécution des Statuts des États-Unis établis et édictés pour de tels cas, le navire
ou la goélette mentionnée et décrite ci-dessus, jaugeant plus de 20 tonneaux,
ses agrès, apparaux, embarcations, cargaison et matériel ont été et sont confisqués au profit des États-Unis, et que ladite goélette se trouve maintenant
dans le district susdit.

Ce pourquoi ledit Attorney demande que l'honorable Cour de justice procède et avise comme d'usage en cette affaire, et que toutes personnes ayant un
intérêt dans ladite goélette ou navire soient citées par voie d'assignation générale ou spéciale, afin de répondre aux propositions susénoncées, et que, à la
suite de la procédure à ce nécessaire, ledit navire ou goélette, ses agrès, apparaux, embarcations, cargaison et matériel, soient condamnés pour ladite
cause ou toute autre qu'il apparaîtrait juste, par arrêt formel et décret de cette
honorable Cour, et confisqués au profit desdits États-Unis, selon la forme des
statuts desdits États-Unis, établis et édictés pour de tels cas.

Signé : M. D. BALL,

Attorney des États-Unis pour le district d'Alaska.

La séance est suspendue à 1 heure 30.

A la reprise, Sir CHARLES RUSSELL commence sa plaidoirie, pour le
Gouvernement de la Grande-Bretagne, sur la question des règlements
prévus par l'article 7 du Traité d'Arbitrage.

La séance est levée à 4 heures, et le Tribunal s'ajourne au lendemain, à 11 heures 30.

Ainsi fait à Paris, le 8 juin 1893, et ont signé :

Le Président : ALPH. DE COURCEL.

L'Agent des États-Unis : JOHN W. FOSTER.

L'Agent de la Grande-Bretagne : CHARLES H. TUPPER.

Le Secrétaire : A. IMBERT.

ENGLISH VERSION.

PROTOCOL XXXV.

MEETING OF THURSDAY JUNE 8ᵗʰ 1893.

The Tribunal assembled in the Council Chamber at 11 o'clock, all the Arbitrators being present.

The public sitting commenced at 12 noon.

Mr. CHRISTOPHER ROBINSON continued and finished his address.

The United States Agent then read the following statement.

« The Government of the United States, in the event that the determination « of the High Tribunal of certain questions described in the Seventh Article of « the Treaty as « the foregoing questions as to the exclusive jurisdiction of the « United States » should, as mentioned in said Seventh Article, « leave the « subject in such a condition that the concurrence of Great Britain is necessary « to the establishement of Regulations for the proper protection and preserva- « tion of the fur seal in, or habitually resorting to, Bering sea », submits that « the following Regulations are necessary and that the same should extend over « the waters hereinafter in that behalf mentioned :

« First : No citizen or subject of the United States or Great Britain shall in « any manner kill, capture or pursue anywhere upon the seas, within the « limits and boundaries next hereinafter prescribed for the operation of this « regulation, any of the animals commonly called fur-seals.

« Second : The foregoing regulation shall apply to and extend over all those « waters, outside the jurisdictional limits of the above-mentioned nations of « the North Pacific Ocean or Bering sea which are North of the thirty-fifth « parallel of North latitude and East of the one hundred and eightieth meridian « of longitude West from Greenwich. Provided, however, that it shall not apply « to such pursuit and capture of said seals as may be carried on by Indians « dwelling on the coasts of the territory either of Great Britain or the United « States for their own personal use with spears in open canoes or boats not « transported by, or used in connection with, other vessels, and propelled wholly « by paddles, and manned by not more than two men each, in the way an- « ciently praticed by such Indians.

« Third : Any ship, vessel boat or other craft (other than the canoes or « boats mentioned and described in the last foregoing paragraph) belonging to

« the citizens or subjects of either of the nations aforesaid which may be found
« actually engaged in the killing, pursuit or capture of said seals, or prosecu-
« ting a voyage for that purpose, within the waters above bounded and descri-
« bed, may, with her tackle, apparel, furniture, provisions and any sealskins on
« board, be captured and made prize of by any public armed vessel of either
« of the nations aforesaid; and, in case of any such capture may be taken into
« any port of the nation to which the capturing vessel belongs and be condem-
« ned by proceedings in any court of competent jurisdiction, which proceedings
« shall be conducted so far as may be, in accordance with the course and prac-
« tice of courts of admiralty when sitting as prize courts. »

The Agent of the United States also read the following statement :

« Substitute proposed by the Government of the United States for findings
« of facts submitted by the Government of Great Britain :

« 1. That the several searches and seizures, whether of ships or goods, and
« the several arrests of masters and crews, respectively mentioned in the said
« Schedule, were made by the authority of the United States Government.
« Which and how many of the vessels mentioned in said Schedule were in
« whole or in part the actual property of British subjects, and which and how
« many were in whole or in part the actual property of American subjects, is
« a fact not passed upon by this Tribunal. Nor is the value of said vessels or
« contents, or of either of them, determined.

« 2. That the seizures aforesaid were made upon the sea more than ten miles
« from any shore.

« 3. That the said several searches and seizures of vessels were made by
« public armed vessels of the United States, the commanders of which had,
« the several times when they were made, from the Executive Department of
« the Government of the United States, instructions, a copy of one of which is
« annexed hereto, marked « A », and that the others were, in all substantial
« respects, the same; that in all the instances in which proceedings were had
« in the District Courts of the United States resulting in condemnation, such
« proceedings were begun by the filing of libels, a copy of one of which is
« annexed hereto, marked « B », and that the libels in the other proceedings were
« in all substantial respects the same; that the alleged acts or offences for which
« said several searches and seizures were made were in each case done or
« committed upon the seas more than ten miles from any shore; and that in
« each case in which sentence of condemnation was had, except in those cases
« when the vessel was released after condemnation, the capture was adopted
« by the Government of the United States. That the said fines and imprisonments

« were for alleged breaches of the municipal laws of the United States, which
« alleged breaches were wholly committed upon the seas more than ten miles
« from any shore.

« 4. That the several orders mentioned in said Schedule warning vessels to
« leave Bering sea were made by public armed vessels of the United States, the
« commanders of which had, at the several times when they were given, like in-
« structions as mentioned in finding 3, above, proposed, and that the vessels so
« warned were engaged in sealing or prosecuting voyages for that purpose.

« 5. That the said several searches, seizures, condemnations, confiscations,
« fines, imprisonments and orders were not made, imposed or given under any
« claim or assertion of right or jurisdiction except such as is submitted to the
« decision of the Arbitrators by the questions in Article IV of the Treaty of Ar-
« bitration.

« 6. That the District Courts of the United States in which any proceedings
« were had or taken for the purpose of condemning any vessel seized as men-
« tioned in the Schedule to the case of Great Britain, pages 1 to 60, inclusive,
« had all the jurisdiction and power of Courts of Admiralty, including the prize
« jurisdiction. »

ANNEX A.

(See British Counter-Case, Appendix, Vol. I, p. 72.)

TREASURY DEPARTMENT, OFFICE OF THE SECRETARY.

Washington, April 21, 1886.

SIR,

Referring to Department letter of this date, directing you to proceed with the revenue-
steamer *Bear*, under your command, to the seal Islands, etc., you are hereby clothed with
full power to enforce the law contained in the provisions of Section 1956 of the United
States' Revised Statutes, and directed to seize all vessels and arrest and deliver to the
proper authorities any or all persons whom you may detect violating the law referred to,
after due notice shall have been given.

You will also seize any liquors or fire-arms attempted to be introduced into the country
without proper permit, under the provisions of Section 1955 of the Revised Statutes, and
the Proclamation of the President, dated 4th february, 1870.

Respectfully yours,

Signed : C. S. FAIRCHILD,
Acting Secretary.

Captain M. A. Healy, commanding revenue-steamer *Bear*, San-Francisco, California.

(See British case, app., Vol. III, U. S. n° 2, 1890, p. 65.)

IN THE DISTRICT COURT OF THE UNITED STATES

FOR THE DISTRICT OF ALASKA.

AUGUST SPECIAL TERM, 1886.

To the Honourable Lafayette Dawson, Judge of said District Court :

The libel of information of M. D. Ball, Attorney for the United States for the District of Alaska, who prosecutes on behalf of said United States, and being present here in Court in his proper person, in the name and on behalf of the said United States, against the schooner *Thornton*, her tackle, apparel, boats, cargo, and furniture, and against all persons intervening for their interest therein, in a cause of forfeiture, alleges and informs as follows :

That Charles A. Abbey, an officer in the Revenue marine Service of the United States, and on special duty in the waters of the district of Alaska, heretofore, to wit, on the 1st day of August, 1886, within the limits of Alaska territory, and in the waters thereof, and within the civil and judicial district of Alaska, to wit, within the waters of that portion of Behring sea belonging to the said district, on waters navigable from the sea by vessel, of to or more tons burden, seized the ship or vessel commonly called a schooner, the *Thornton*, her tackle, apparel, boats, cargo, and furniture, being the property of some person or persons to the said Attorney unknown, as forfeited to the United States, for the following causes :

That the said vessel or schooner was found engaged in killing fur seal within the limits of Alaska territory, and in the waters thereof, in violation of section 1956 of the Revised Statutes of the United States.

And the said Attorney saith that all and singular the premises are and were true, and within the Admiralty and maritime jurisdiction of this Court, and that by reason thereof, and by force of the Statutes of the United States in such cases made and provided, the afore-mentioned and described schooner or vessel, being a vessel of over 20 tons burden, her tackle, apparel, boats, cargo, and furniture, became and are forfeited to the use of the said United States, and that said schooner is now within the district aforesaid.

Wherefore the said Attorney prays the usual process and monition of this honourable Court issue in this behalf, and that all persons interested in the before-mentioned and described schooner or vessel may be cited in general and special to answer the premises, and all due proceedings being had, that the said schooner or vessel, her tackle, apparel, boats, cargo, and furniture may, for the cause aforesaid, and others appearing, be condemned by the definite sentence and decree of this honourable Court, as forfeited to the use of the said United States, according to the form of the Statute of the said United States in such cases made and provided.

Signed : M. D. BALL,
United States District Attorney for the District of Alaska.

At 1.30, the Tribunal took a recess.

On reassembling, Sir CHARLES RUSSELL began his argument on behalf of the

Government of Great Britain on the question of regulations as contemplated by Article VII of the Treaty of Arbitration.

At 4 p. m., the Tribunal adjourned to the next day at 11.30 a. m.

Done at Paris, the 8th of June 1893, and signed:

The President: ALPH. DE COURCEL.

The Agent for the United States: JOHN W. FOSTER.

The Agent for Great Britain: CHARLES H. TUPPER.

The Secretary: A. IMBERT.

Translation certified to be accurate:

A. BAILLY-BLANCHARD.

H. CUNYNGHAME.

} Co-Secretaries.

présents.

Sir CHARLES RUSSELL reprend son argumentation de la veille.

La séance est suspendue à 1 heure 30.

A la reprise, Sir CHARLES RUSSELL continue sa plaidoirie.

La séance est levée à 4 heures et le Tribunal s'ajourne jusqu'au mardi 13 juin à 11 heures 30.

Ainsi fait à Paris, le 9 juin 1893, et ont signé :

Le Président : ALPH. DE COURCEL.

L'Agent des États-Unis : JOHN W. FOSTER.

L'Agent de la Grande-Bretagne : CHARLES H. TUPPER.

Le Secrétaire : A. IMBERT.

MEETING OF FRIDAY. JUNE 9th 1893.

The Tribunal assembled at 11.30 a. m., all the Arbitrators being present.

Sir CHARLES RUSSELL resumed his argument of the previous day.

At 1.30, the Tribunal took a recess.

On reassembling, Sir CHARLES RUSSELL continued his argument.

At 4 p. m., the Tribunal adjourned until Tuesday June 13th, at 11.30 a. m.

Done at Paris, the 9th of June 1893, and signed :

The President : ALPH. DE COURCEL.

The Agent for the United States : JOHN W. FOSTER.

The Agent for Great Britain : CHARLES H. TUPPER.

The Secretary : A. IMBERT.

Translation certified to be accurate :

A. BAILLY-BLANCHARD. ⎫
                     ⎬ Co-Secretaries.
H. CUNYNGHAME. ⎭

PROTOCOLE XXXVII.

Le Tribunal s'est réuni à 11 heures 30, tous les Arbitres étant présents.

Sir CHARLES RUSSELL reprend et achève son argumentation.

La séance est suspendue à 1 heure 30.

A la reprise, Sir RICHARD WEBSTER commence sa plaidoirie pour la Grande-Bretagne sur la question des règlements.

A 4 heures, la séance est levée et le Tribunal s'ajourne au lendemain à 11 heures 30.

Ainsi fait à Paris, le 13 juin 1893, et ont signé :

Le Président : ALPH. DE COURCEL.

L'Agent des États-Unis : JOHN W. FOSTER.

L'Agent de la Grande-Bretagne : CHARLES H. TUPPER.

Le Secrétaire : A. IMBERT.

ENGLISH VERSION.

PROTOCOL XXXVII.

MEETING OF TUESDAY JUNE 13th 1893.

The Tribunal assembled at 11.30 a. m., all the Arbitrators being present.

Sir CHARLES RUSSELL resumed and concluded his argument.

At 1.30, the Tribunal took a recess.

On reassembling, Sir RICHARD WEBSTER began his argument on behalf of Great Britain on the question of regulations.

At 4 p. m., the Tribunal adjourned to the next day, at 11.30 a. m.

Done at Paris, the 13th of June 1893, and signed :

The President : A1   E COURCEL.

The Agent for the United States : JOHN W. FOSTER.

The Agent for Great Britain : CHARLES H. TUPPER.

The Secretary : A. IMBERT.

Translation certified to be accurate :

A. BAILLY-BLANCHARD.

H. CUNYNGHAME.

Co-Secretaries.

PROTOCOLE XXXVIII.

SÉANCE DU MERCREDI 14 JUIN 1893.

Le Tribunal s'est réuni à 11 heures 30, tous les Arbitres étant présents.

Sir Richard Webster reprend son argumentation.

La séance est suspendue à 1 heure 30.

A la reprise, Sir Richard Webster continue sa plaidoirie.

A 4 heures, la séance est levée et le Tribunal s'ajourne au lendemain à 11 heures 30.

Ainsi fait à Paris, le 14 juin 1893, et ont signé :

Le Président : ALPH. DE COURCEL.

L'Agent des États-Unis : JOHN W. FOSTER.

L'Agent de la Grande-Bretagne : CHARLES H. TUPPER.

Le Secrétaire : A. IMBERT.

PROTOCOL XXXVIII.

MEETING OF WEDNESDAY JUNE 14th 1893.

The Tribunal assembled at 11.30 a. m., all the Arbitrators being present.

Sir RICHARD WEBSTER resumed his argument.

At 1.30, the Tribunal took a recess.

On reassembling, Sir RICHARD WEBSTER continued his argument.

At 4 p. m., the Tribunal adjourned to the next day, at 11.30 a. m.

Done at Paris, the 14th of June 1893, and signed :

The President : **ALPH. DE COURCEL.**

The Agent for the United States : **JOHN W. FOSTER.**

The Agent for Great Britain : **CHARLES H. TUPPER.**

The Secretary : **A. IMBERT.**

Translation certified to be accurate :

A. **BAILLY-BLANCHARD.**

H. **CUNYNGHAME.**

} Co-Secretaries.

présents.

Sir Richard Webster reprend son argumentation.

La séance est suspendue à 1 heure 30.

A la reprise, Sir Richard Webster continue sa plaidoirie.

A 4 heures, la séance est levée et le Tribunal s'ajourne au lendemain à 11 heures.

Ainsi fait à Paris, le 15 juin 1893, et ont signé :

Le Président : ALPH. DE COURCEL.

L'Agent des États-Unis : JOHN W. FOSTER.

L'Agent de la Grande-Bretagne : CHARLES H. TUPPER.

Le Secrétaire : A. IMBERT.

ENGLISH VERSION.

PROTOCOL XXXIX.

MEETING OF THURSDAY JUNE 15th 1893.

The Tribunal assembled at 11.30 a. m., all the Arbitrators being present.

Sir RICHARD WEBSTER resumed his argument.

At 1.30, the Tribunal took a recess.

On reassembling, Sir RICHARD WEBSTER continued his argument.

At 4 p. m., the Tribunal adjourned to the next day, at 11 a. m.

Done at Paris, the 15th of June 1893, and signed :

The President : ALPH. DE COURCEL.

The Agent for the United States : JOHN W. FOSTER.

The Agent for Great Britain : CHARLES H. TUPPER.

The Secretary : A. IMBERT.

Translation certified to be accurate :

A. BAILLY-BLANCHARD.

H. CUNYNGHAME.

} Co-Secretaries.

PROTOCOLE XL.

Le Tribunal s'est réuni à 11 heures, tous les Arbitres étant présents.

Sir Richard Webster reprend son argumentation.

La séance est suspendue à 1 heure.

A la reprise, Sir Richard Webster continue sa plaidoirie.

En levant la séance, à 3 heures 30, le Président annonce que, pendant l'absence temporaire de M. Cunynghame, le Tribunal autorise M. Henry Hannen, avocat, à remplir ses fonctions.

Puis le Tribunal s'ajourne jusqu'au mardi 20 juin, à 11 heures 30.

Ainsi fait à Paris, le 16 juin 1893, et ont signé :

Le Président : ALPH. DE COURCEL.

L'Agent des États-Unis : JOHN W. FOSTER.

L'Agent de la Grande-Bretagne : CHARLES H. TUPPER.

Le Secrétaire : A. IMBERT.

ENGLISH VERSION.

PROTOCOL XL.

MEETING OF FRIDAY JUNE 16ᵗʰ 1893.

The Tribunal assembled at 11 o'clock, all the Arbitrators being present.

Sir RICHARD WEBSTER resumed his argument.

At 1.30, the Tribunal took a recess.

On reassembling, Sir RICHARD WEBSTER continued his argument.

THE PRESIDENT, in adjourning, announced that during the temporary absence of Mr. Cunynghame, the Tribunal authorized Mr. Henry Hannen, Barrister at law, to perform his duties.

At 3.30 p. m., the Tribunal adjourned until Tuesday June 20ᵗʰ, at 11.30 a. m.

Done at Paris, the 16ᵗʰ of June 1893, and signed :

The President : ALPH. DE COURCEL.

The Agent for the United States : JOHN W. FOSTER.

The Agent for Great Britain : CHARLES H. TUPPER

The Secretary : A. IMBERT.

Translation certified to be accurate :

A. BAILLY-BLANCHARD.

H. CUNYNGHAME.

} Co-Secretaries.

PROTOCOLE XLI.

Le Tribunal s'est réuni à 11 heures 3o, tous les Arbitres étant présents.

Sir RICHARD WEBSTER continue son argumentation.

L'Agent de Sa Majesté Britannique dépose devant le Tribunal, au nom de son Gouvernement, un projet de règlement dont le texte suit :

RÈGLEMENTS.

« 1. Tout bâtiment employé à la chasse des phoques en mer devra « se pourvoir de licences à l'un des ports indiqués ci-dessous :

« *Victoria*, dans la province de la Colombie Britannique;

« *Vancouver*, dans la province de la Colombie Britannique;

« *Port Townsend*, dans le territoire de Washington, États-Unis;

« *San Francisco*, dans l'État de Californie, États-Unis.

« 2. Ces licences ne seront accordées qu'à des bâtiments à voiles.

« 3. Il sera établi autour des îles Pribiloff une zone de vingt milles à « l'intérieur de laquelle la chasse des phoques sera interdite en toute « saison.

« 4. Il y aura, du 15 septembre au 1er juillet, une saison de clôture, « pendant laquelle la chasse des phoques ne sera point permise dans la « mer de Behring.

« 5. Il ne pourra être fait usage ni de carabines ni de filets pour la « chasse des phoques en mer.

« 6. Tout bâtiment employé à la chasse des phoques devra porter un « pavillon distinctif.

« 7. Les patrons des bâtiments employés à la chasse des phoques « devront tenir un journal où ils relèveront avec soin les époques et les « emplacements de la chasse, le nombre et le sexe des phoques capturés; « ils devront faire figurer un extrait dudit journal dans leur journal de « bord.

« 8. Les licences tomberont en déchéance en cas d'infraction auxdits
« règlements. »

La séance est suspendue à 1 heure 3o.

A la reprise, Sir Richard Webster reprend et achève sa plaidoirie.

L'Agent de Sa Majesté Britannique dépose alors devant le Tribunal
le document ci-dessous, qu'il présente, d'accord avec l'Agent des États-
Unis, pour être substitué aux documents soumis antérieurement au
Tribunal relativement aux conclusions de fait.

CONCLUSIONS DE FAIT PROPOSÉES PAR L'AGENT DE LA GRANDE-BRETAGNE, ACCEPTÉES PAR
L'AGENT DES ÉTATS-UNIS, QUI EN ADMET L'EXACTITUDE, ET SOUMISES A L'EXAMEN DU
TRIBUNAL D'ARBITRAGE.

« 1. Que les diverses visites et saisies de navires ou de marchandises
« et les différentes arrestations de patrons et d'équipages, mentionnées
« respectivement dans l'Annexe au mémoire Britannique, pages 1 à 6o
« inclusivement, ont été faites par autorité du Gouvernement des États-
« Unis. Les questions se rapportant à la valeur desdits navires ou de leur
« contenu, ensemble ou séparément, et la question de savoir si les
« navires désignés dans l'Annexe au Mémoire Britannique, ou certains
« d'entre eux, étaient, en totalité ou en partie, la propriété de citoyens
« des États-Unis, ont été retirées et n'ont pas été l'objet de l'examen du
« Tribunal, sous cette réserve que les États-Unis gardent le droit de
« soulever ces questions ou quelqu'une d'entre elles, s'ils le jugent à
« propos, dans toute négociation ultérieure pouvant engager la res-
« ponsabilité du Gouvernement des États-Unis, en ce qui touche le
« payement des sommes mentionnées dans l'Annexe au Mémoire Bri-
« tannique.

« 2. Que les susdites saisies, sauf en ce qui concerne le *Pathfinder*,
« saisi à Neah-Bay, ont été effectuées dans la mer de Behring, aux dis-
« tances de la côte mentionnées au tableau ci-annexé, sous la lettre C.

« 3 Que lesdites visites et saisies de navires ont été faites par des
« navires armés pour le service public des États-Unis, dont les comman-
« dants avaient reçu, toutes les fois qu'elles ont eu lieu, du pouvoir
« exécutif du Gouvernement des États-Unis, des instructions dont un
« exemplaire est reproduit en copie ci-après (annexe A), les autres
« exemplaires desdites instructions étant conformes à ce modèle sur

« tous les points essentiels; — que, dans toutes les occasions où des
« poursuites entamées devant les Cours de district des États-Unis ont été
« suivies de condamnations, ces poursuites ont débuté par le dépôt d'un
« acte d'accusation, dont une copie est annexée ci-dessous (annexe B),
« les actes d'accusation déposés dans les autres procédures étant sem-
« blables à ce modèle, en tous points essentiels; — que les actes ou
« délits, allégués comme motifs de ces visites et saisies, ont été accom-
« plis ou commis dans la mer de Behring, aux distances de la côte ci-
« dessus indiquées; et que, dans tous les cas où une condamnation
« a été prononcée, excepté ceux où les navires ont été relâchés après
« condamnation, la saisie a été approuvée par le Gouvernement
« des États-Unis; et que, dans les cas où les navires ont été relâ-
« chés, la saisie avait été opérée par autorité du Gouvernement des
« États-Unis, que les amendes et emprisonnements susdits ont été pro-
« noncés à raison d'infractions aux lois nationales des États-Unis, infrac-
« tions toutes commises dans la mer de Behring, aux distances de la
« côte ci-dessus indiquées.

« 4. Que les différents ordres mentionnés dans l'annexe ci-jointe sous
« la lettre C, enjoignant à certains navires de quitter la mer de Behring
« ou de ne pas y entrer, ont été donnés par des navires armés pour le
« service public des États-Unis, dont les commandants avaient, toutes
« les fois qu'ils ont donné ces ordres, des instructions conformes à
« celles mentionnées ci-dessus, sous le n° 3, et que les navires qui ont
« reçu ces injonctions étaient occupés à la chasse des phoques ou fai-
« saient route pour entreprendre cette chasse, et que cette façon de pro-
« céder a été sanctionnée par le Gouvernement des États-Unis.

« 5. Que les Cours de district des États-Unis devant lesquelles des
« poursuites ont été entamées ou suivies pour obtenir des condamna-
« tions contre les navires saisis dont il est fait mention dans l'Annexe
« au Mémoire de la Grande-Bretagne, pages 1 à 60 inclusivement,
« avaient tous droits de juridiction et pouvoirs appartenant aux Cours
« d'amirauté, y compris la juridiction de tribunaux de prises, mais que,
« dans chaque cas particulier, la sentence prononcée par la Cour s'ap-
« puyait sur les causes mentionnées dans l'acte d'accusation. »

Annexes A et B.

(Pour le texte de ces annexes, voir le protocole XXXV, annexes A et B aux
conclusions de fait présentées par l'agent des États-Unis.)

Annexe C.

La table ci-dessous contient les noms des navires britanniques em)loyés à la chasse des phoques, qui ont été saisis ou avertis par les croiseurs du Service des Douanes des États-Unis, de 1886 à 1890, et la distance approximative de la terre où ces saisies ont eu lieu. Ces distances sont indiquées, en ce qui concerne les navires *Carolena*, *Thornton* et *Onward*, d'après le témoignage du Commandant Abbey, de la Marine des États-Unis (Voir 50° Congrès, 2° session; Sénat, Documents exécutifs, n° 106,)ages 20, 30, 40). Elles sont indiquées, en ce qui concerne les navires *Anna Beck*, *W. P. Sayward*, *Dolphin* et *Grace*, d'a)rès le témoignage du Ca)itaine She)ard, de la Marine du Trésor des États-Unis (*Livre Bleu*, États-Unis, n° 2, 1890,)ages 80-82. — Voir : Appendice au Mémoire britannique, volume III).

NOM DU NAVIRE.	DATE DE LA SAISIE.	DISTANCE APPROXIMATIVE DE TERRE, au moment de la saisie.	NAVIRE DES ÉTATS-UNIS qui a fait la saisie.
Carolena........	1ᵉʳ août 1886	75 milles............................	*Corwin.*
Thornton	1ᵉʳ août 1886	70 milles............................	*Idem.*
Onward........	2 août 1886	115 milles...........................	*Idem.*
Favourite......	2 août 1886	Averti par le *Corwin*, à peu près dans la même position que l'*Onward*	
Anna-Beck	2 juillet 1887 ...	66 milles............................	*Rush.*
W. P. Sayward..	9 juillet 1887	59 milles............................	*Idem.*
Dolphin........	12 juillet 1887.•.	40 milles............................	*Idem.*
Grace..........	17 juillet 1887...	96 milles............................	*Idem.*
Alfred-Adams....	10 août 1887.....	62 milles............................	*Idem.*
Ada..........	25 août 1887...	15 milles............................	*Bear*
Triumph.......	4 août 1887...	Averti par le *Rush* de ne pas entrer dans la mer de Behring.	
Juanita........	31 juillet 1889...	66 milles............................	*Rush.*
Pathfinder	29 juillet 1889...	50 milles............................	*Idem.*
Triumph.......	11 juillet 1889...	Averti par le *Rush* d'avoir à quitter la mer de Behring. — Position au moment de l'avertissement : (?)	
Black-Diamond...	11 juillet 1889...	35 milles............................	*Idem.*
Lily..........	6 août 1889...	66 milles............................	*Idem.*
Ariel	30 juillet 1889...	Averti par le *Rush* d'avoir à quitter la mer de Behring.	
Kate..........	13 août 1869...	Averti par le *Rush* d'avoir à quitter la mer de Behring.	
Minnie........	15 juillet 1889...	65 milles............................	*Idem.*
Pathfinder	27 mars 1890....	Saisi dans la baie de Neah [1]	*Corwin.*

[1] La baie de Neah est située dans l'État de Washington, et le *Pathfinder* y a été saisi, du chef de délits commis par lui dans la mer de Behring l'année précédente. Ce bâtiment fut relâché deux jours plus tard.

M. Christopher Robinson commence ensuite son argumentation sur la question des Règlements.

La séance est levée à 4 heures et le Tribunal s'ajourne au lendemain à 11 heures 30.

Ainsi fait à Paris, le 20 juin 1893, et ont signé :

Le Président : ALPH. DE COURCEL.

L'Agent des États-Unis : JOHN W. FOSTER.

L'Agent de la Grande-Bretagne : CHARLES H. TUPPER.

Le Secrétaire : A. IMBERT.

PROTOCOL XLI.

MEETING OF TUESDAY JUNE 20th 1893.

The Tribunal assembled at 11.30 a. m., all the Arbitrators being present.

Sir RICHARD WEBSTER continued his argument.

The Agent of Her Britannic Majesty laid before the Tribunal a scheme of Regulations worded as follows :

REGULATIONS.

« 1. All vessels engaging in pelagic sealing shall be required to obtain licenses at one or other of the following ports :

« *Victoria*, in the province of British Columbia.

« *Vancouver*, in the province of British Columbia.

« *Port Townsend*, in Washington Territory, in the United States.

« *San Francisco*, in the State of California, in the United States.

« 2. Such licences shall only be granted to sailing vessels.

« 3. A zone of twenty miles around the Pribyloff Islands shall be established, within which no seal hunting shall be permitted at any time.

« 4. A close season, from the 15th of September to the 1st of July, shall be established, during which no pelagic sealing shall be permitted in Behring Sea.

« 5. No rifles or nets shall be used in pelagic sealing.

« 6. All sealing vessels shall be required to carry a distinguishing flag.

« 7. The masters in charge of sealing vessels shall keep accurate logs as to the times and places of sealing, the number and sex of the seals captured, and shall enter an abstract thereof in their official logs.

« 8. Licenses shall be subject to forfeiture for breach of above regulations. »

At 1.30, the Tribunal took a recess.

On reassembling, Sir RICHARD WEBSTER resumed and concluded his argument.

The Agent of Her Britannic Majesty then presented to the Tribunal the following paper, which by agreement with the Agent of the United States, was submitted as a substitute for the papers heretofore presented as to Findings of facts :

FINDINGS OF FACT PROPOSED BY THE AGENT OF GREAT BRITAIN AND AGREED TO AS PROVED BY THE AGENT FOR THE UNITED STATES, AND SUBMITTED TO THE TRIBUNAL OF ARBITRATION FOR ITS CONSIDERATION.

« 1. That the several searches and seizures, whether of ships or goods, and the several arrests of masters and crews, respectively mentioned in the Sche-

« dule to the British Case, pages 1 to 60, inclusive, were made by the authority
« of the United States Government. The questions as to the value of the said
« vessels or their contents or either of them, and the question as to whether
« the vessels mentioned in the Schedule to the British Case, or any of them,
« were wholly or in part the actual property of citizens of the United States,
« have been withdrawn from and have not been considered by the Tribunal, it
« being understood that it is open to the United States to raise these questions
« or any of them, if they think fit, in any future negotiations as to the liability
« of the United States Government to pay the amounts mentioned in the Sche-
« dule to the British Case.

« 2. That the seizures aforesaid, with the exception of the *Pathfinder* seized
« at Neah Bay, were made in Behring Sea at the distances from shore men-
« tioned in the Schedule annexed hereto marked « C ».

« 3. That the said several searches and seizures of vessels were made by
« public armed vessels of the United States, the commanders of which had, at
« the several times when they were made, from the Executive Department of
« the Government of the United States, instructions, a copy of one of which is
« annexed hereto, marked « A » and that the others were, in all substantial res-
« pects, the same : that in all the instances in which proceedings were had in
« the District Courts of the United States resulting in condemnation, such pro-
« ceedings were begun by the filing of libels, a copy of one of which is annexed
« hereto, marked « B », and that the libels in the other proceedings were in all
« substantial respects the same : that the alleged acts or offences for which said
« several searches and seizures were made were in each case done or committed
« in Behring Sea at the distances from shore aforesaid : and that in each case in
« which sentence of condemnation was passed, except in those cases when the
« vessels were released after condemnation the seizure was adopted by the Go-
« vernment of the United States : and in those cases in which the vessels were
« released the seizure was made by the authority of the United States. That the
« said fines and imprisonments were for alleged breaches of the municipal laws
« of the United States, which alleged breaches were wholly committed in Beh-
« ring Sea at the distances from the shore aforesaid.

« 4. That the several orders mentioned in the Schedule annexed hereto and
« marked « C » warning vessels to leave or not to enter Behring Sea were made
« by public armed vessels of the United States the commanders of which had,
« at the several times when they were given, like instructions as mentioned in
« finding 3, above proposed, and that the vessels so warned were engaged in
« sealing or prosecuting voyages for that purpose, and that such action was
« adopted by the Government of the United States.

« 5. That the District courts of the United States in which any proceedings,
« were had or taken for the purpose of condemning any vessel seized as men-

« tioned in the Schedule to the Case of Great Britain, ﹐ages 1 to 60, inclusive
« had all the jurisdiction and ﹐owers of Courts of Admiralty, including the ﹐rize
« jurisdiction, but that in each case the sentence ﹐ronounced by the Court was
« based u﹐on the grounds set forth in the libel. »

ANNEXES A AND B.

(For the text of these annexes, see Protocol xxxv, annexes A and B to the Findings of
fact submitted by the Agent of the United States.)

ANNEX C.

The following Table shows the names of the British sealing-vessels seized or warned by
United States revenue cruisers 1886-98, and the a﹐roximate distance from land when
seized. The distances assigned in the cases of the *Carolena, Thornton* and *Onward* are on
the authority of U. S. Naval Commander Abbey (see 50th Congress, 2nd Session, Senate
Executive Documents N° 106, ﹐﹐. 20, 30, 40). The distances assigned in the cases of the
Anna Beck, W. P. Sayward, Dolphin and *Grace* are on the authority of Ca﹐tain She-
﹐ard U. S. R. M. (*Blue Book*, United States N° 2, 1890.— ﹐﹐. 80-82. See A﹐pendix, vol. III.)

NAME OF VESSELS.	DATE OF SEIZURE.	APPROXIMATE DISTANCE FROM LAND WHEN SEIZED.	UNITED STATES VESSEL making seizure.
Carolena........	August 1 1886 ...	75 miles........................	Corwin.
Thornton	August 1 1886 ...	70 miles........................	Corwin.
Onward	August 2 1886 ...	115 miles........................	Corwin.
Favourite.......	August 2 1886 ...	Warned by *Corwin* in about same position as *Onward.*	
Anna Beck......	July 2 1887......	66 miles........................	Rush.
W. P. Sayward..	July 9 1887......	59 miles........................	Rush.
Dolphin........	July 12 1887.....	40 miles........................	Rush.
Grace..........	July 17 1887.....	96 miles........................	Rush.
Alfred Adams....	August 10 1887...	62 miles........................	Rush.
Ada...........	August 25 1887..	15 miles........................	Bear.
Triumph........	August 4 1887...	Warned by *Rush* not to enter Behring Sea.	
Juanita........	July 31 1889.....	66 miles........................	Rush.
Pathfinder......	July 29 1889.....	50 miles........................	Rush.
Triumph........	July 11 1889.....	Ordered out of Behring Sea by *Rush.* (?) As to position when warned	
Black Diamond...	July 11 1889.....	35 miles........................	Rush.
Lily..........	August 6 1889....	66 miles........................	Rush.
Ariel	July 30 1889.....	Ordered out of Behring Sea by *Rush.*	
Kate..........	August 13 1889...	Ditto........................	Rush.
Minnie.........	July 15 1889.....	65 miles........................	Rush.
Pathfinder	March 27 1890.	Seized in Neah Bay [1]................	Corwin.

[1] Neah Bay is in the State of Washington, and the *Pathfinder* was seized there on charges made
against her in Behring Sea in the previous year. She was released two days later.

Regulations.

At 4 p. m., the Tribunal adjourned to the next day, at 11.30 a. m.

Done at Paris, the 20th of June 1893, and signed :

The President : ALPH. DE COURCEL.

The Agent for the United States : JOHN W. FOSTER.

The Agent for Great Britain : CHARLES H. TUPPER.

The Secretary : A. IMBERT.

Translation certified to be accurate :

A. BAILLY-BLANCHARD. Co-Secretary.

HENRY A. HANNEN. Acting Co-Secretary.

PROTOCOLE XLII.

SÉANCE DU MERCREDI 21 JUIN 1893.

Le Tribunal s'est réuni à 11 heures 3o, tous les Arbitres étant présents.

Sir Richard Webster présente et propose de lire au Tribunal certains documents qui viennent d'être distribués au Parlement britannique et qui contiennent une correspondance entre la Grande-Bretagne et la Russie au sujet des saisies de navires anglais par les croiseurs russes dans la mer de Behring.

M. Carter s'oppose à ce que ces documents soient considérés comme ayant été déposés devant le Tribunal.

Après avoir consulté ses collègues, le Président déclare que le Tribunal autorise la lecture de ces pièces, mais en se réservant de décider ultérieurement si elles seront admises ou non comme moyen de preuve.

Sir Richard Webster lit alors un extrait des documents en question.

M. Christopher Robinson reprend ensuite son argumentation.

La séance est suspendue à 1 heure 3o.

A la reprise, M. Robinson continue et achève sa plaidoirie.

A 3 heures 5o, la séance est levée et le Tribunal s'ajourne au lendemain à 11 heures 3o.

Ainsi fait à Paris, le 21 juin 1893, et ont signé :

Le Président : ALPH. DE COURCEL.

L'Agent des États-Unis : JOHN W. FOSTER.

L'Agent de la Grande-Bretagne : CHARLES H. TUPPER.

Le Secrétaire : A. IMBERT.

PROTOCOL XLII.

MEETING OF WEDNESDAY JUNE 21ˢᵗ 1893.

The Tribunal assembled at 11.3o a. m., all the Arbitrators being present.

Sir RICHARD WEBSTER produced and proposed to read to the Tribunal certain documents recently presented to the Parliament of Great Britain containing correspondence between Great Britain and Russia on the subject of the seizure of British vessels by Russian cruisers in the Behring sea.

Mr. CARTER objected to these documents being regarded as before the Tribunal.

THE PRESIDENT, after consultation with his colleagues, announced that the Tribunal would permit the documents to be read, but reserved to itself for further consideration the question of their admissibility as evidence.

Sir RICHARD WEBSTER then read an extract from the documents in question.

Mr. CHRISTOPHER ROBINSON then resumed his argument.

At 1.3o, the Tribunal took a recess.

On reassembling, Mr. ROBINSON continued and concluded his argument.

At 3.5o p. m., the Tribunal adjourned to the next day at 11.3o a. m.

Done at Paris, 21ˢᵗ of June 1893, and signed :

The President : ALPH. DE COURCEL.

The Agent for the United States : JOHN W. FOSTER.

The Agent for Great Britain : CHARLES H. TUPPER.

The Secretary : A. IMBERT.

Translation certified to be accurate :

A. BAILLY-BLANCHARD. Co-Secretary.

HENRY A. HANNEN. Acting Co-Secretary.

Le Tribunal s'est réuni à 11 heures 30, tous les Arbitres étant présents.

L'Honorable Edward J. Phelps commence sa plaidoirie pour les États-Unis.

La séance est suspendue à 1 heure 30.

A la reprise, l'Honorable Edward J. Phelps continue son argumentation.

La séance est levée à 4 heures, et le Tribunal s'ajourne au lendemain à 11 heures 30.

Ainsi fait à Paris, le 22 juin 1893, et ont signé :

Le Président : ALPH. DE COURCEL.

L'Agent des États-Unis : JOHN W. FOSTER.

L'Agent de la Grande-Bretagne : CHARLES H. TUPPER.

Le Secrétaire : A. IMBERT.

ENGLISH VERSION.

PROTOCOL XLIII.

MEETING OF THURSDAY JUNE 22nd 1893.

The Tribunal assembled at 11.30 a. m., all the Arbitrators being present.

The Honourable EDWARD J. PHELPS began his argument on behalf of the United States.

At 1.30, the Tribunal took a recess.

On reassembling, the Honourable EDVARD J. PHELPS continued his argument.

At 4 p. m., the Tribunal adjourned to the next day at 11.30 a. m.

Done at Paris, the 22nd of June 1893, and signed :

The President : ALPH. DE COURCEL.

The Agent for the United States : JOHN W. FOSTER.

The Agent for Great Britain : CHARLES H. TUPPER.

The Secretary : A. IMBERT.

Translation certified to be accurate :

A. BAILLY-BLANCHARD.   Co-Secretary.

HENRY A. HANNEN.   Acting Co-Secretary.

PROTOCOLE XLIV.

Le Tribunal s'est réuni à 11 heures 30, tous les Arbitres étant présents.

L'Honorable EDWARD J. PHELPS reprend son argumentation.

La séance est suspendue à 1 heure 30.

A la reprise, l'Honorable EDWARD J. PHELPS continue sa plaidoirie.

A 4 heures, la séance est levée et le Tribunal s'ajourne jusqu'au mardi 27 juin, à 11 heures 30.

Ainsi fait à Paris, le 23 juin 1893, et ont signé :

Le Président : ALPH. DE COURCEL.

L'Agent des États-Unis : JOHN W. FOSTER.

L'Agent de la Grande-Bretagne : CHARLES H. TUPPER.

Le Secrétaire : A. IMBERT.

MEETING OF FRIDAY JUNE 23rd 1893.

The Tribunal assembled at 11.30 a. m., all the Arbitrators being present.

The Honourable EDWARD J. PHELPS resumed his argument.

At 1.30, the Tribunal took a recess.

On reassembling, the Honourable EDWARD J. PHELPS continued his argument.

At 4. p. m., the Tribunal adjourned until Tuesday June 27th, at 11.30 a. m.

Done at Paris, the 23rd of June 1893, and signed :

The President : ALPH. DE COURCEL.

The Agent for the United States : JOHN. W. FOSTER.

The Agent for Great Britain : CHARLES H. TUPPER.

The Secretary : A. IMBERT.

Translation certified to be accurate :

A. BAILLY-BLANCHARD.   Co-Secretary.

HENRY A. HANNEN.   Acting Co-Secretary.

PROTOCOLE XLV.

Le Tribunal s'est réuni à 11 heures 30, tous les Arbitres étant présents.

L'Honorable EDWARD J. PHELPS reprend sa plaidoirie.

La séance est suspendue à 1 heure 30.

A la reprise, l'Honorable EDWARD J. PHELPS poursuit son argumentation.

A 4 heures, la séance est levée et le Tribunal s'ajourne au lendemain à 11 heures 30.

Ainsi fait à Paris, le 27 juin 1893, et ont signé :

Le Président : ALPH. DE COURCEL.

L'Agent des États-Unis : JOHN W. FOSTER.

L'Agent de la Grande-Bretagne : CHARLES H. TUPPER.

Le Secrétaire : A. IMBERT.

The Tribunal assembled at 11.30 a. m., all the Arbitrators being present.

The Honourable Edvard J. Phelps resumed his argument.

At 1.30, the Tribunal took a recess.

On reassembling, the Honourable Edvard J. Phelps continued his argument.

At 4 p. m., the Tribunal adjourned to the next day at 11.30. a. m.

Done at Paris, the 27th of June 1893, and signed :

The President : ALPH. DE COURCEL.

The Agent for the United States : JOHN W. FOSTER.

The Agent for Great Britain : CHARLES H. TUPPER.

The Secretary : A. IMBERT.

Translation certified to be accurate :

A. BAILLY-BLANCHARD.   Co-Secretary.

HENRY A. HANNEN.   Acting Co-Secretary.

PROTOCOLE XLVI.

Le Tribunal s'est réuni à 11 heures 30, tous les Arbitres étant présents.

M. H. CUNYNGHAME reprend ses fonctions de co-secrétaire, qui avaient été exercées provisoirement par M. HENRY HANNEN.

L'Honorable EDWARD J. PHELPS continue sa plaidoirie.

La séance est suspendue à 1 heure 30.

A la reprise, l'Honorable EDWARD J. PHELPS poursuit son argumentation.

La séance est levée à 4 heures et le Tribunal s'ajourne au lendemain à 11 heures 30.

Ainsi fait à Paris, le 28 juin 1893, et ont signé :

Le Président : ALPH. DE COURCEL.

L'Agent des États-Unis : JOHN. W. FOSTER.

L'Agent de la Grande-Bretagne : CHARLES H. TUPPER.

Le Secrétaire : A. IMBERT.

MEETING OF WEDNESDAY JUNE 28th 1893.

The Tribunal assembled at 11.3o a. m., all the Arbitrators being present.

Mr. H. CUNYNGHAME resumed his duties of Co-Secretary, which had been fulfilled temporarily by Mr. Henry Hannen.

The Honourable EDVARD J. PHELPS continued his argument.

At 1.3o, the Tribunal took a recess.

On reassembling, the Honourable EDVARD J. PHELPS continued his argument.

At 4.). m., the Tribunal adjourned to the next day at 11.3o a. m.

Done at Paris, the 28th of June 1893, and signed :

The President : **ALPH. DE COURCEL.**

The Agent for the United States : **JOHN W. FOSTER.**

The Agent for Great Britain : **CHARLES H. TUPPER.**

The Secretary : **A. IMBERT.**

Translation certified to be accurate :

A. BAILLY-BLANCHARD.

H. CUNYNGHAME.

} Co-Secretaries.

PROTOCOLE XLVII.

Le Tribunal s'est réuni à 11 heures 30, tous les Arbitres étant présents.

L'Honorable EDWARD J. PHELPS reprend son argumentation.

La séance est suspendue à 1 heure 30.

A la reprise, l'Honorable EDWARD J. PHELPS continue sa plaidoirie.

A 4 heures, la séance est levée et le Tribunal s'ajourne au lundi 3 juillet, à 11 heures 30.

Ainsi fait à Paris, le 29 juin 1893., et ont signé :

Le Président : ALPH. DE COURCEL.

L'Agent des États-Unis : JOHN. W. FOSTER.

L'Agent de la Grande-Bretagne : CHARLES H. TUPPER.

Le Secrétaire : A. IMBERT.

The Tribunal assembled at 11.30 a. m., all the Arbitrators being present.

The Honourable EDVARD J. PHELPS resumed his argument.

At 1.30, the Tribunal took a recess.

On reassembling, the Honourable EDWARD J. PHELPS continued his argument.

At 4 p. m., the Tribunal adjourned until Monday July the 3rd, at 11.30 a. m.

Done at Paris, the 29th of June 1893, and signed :

The President : ALPH. DE COURCEL.

The Agent for the United States : JOHN W. FOSTER.

The Agent for Great Britain : CHARLES H. TUPPER.

The Secretary : A. IMBERT.

Translation certified to be accurate :

A. BAILLY-BLANCHARD. ⎫
                      ⎬ Co-Secretaries.
H. CUNYNGHAME.   ⎭

PROTOCOLE XLVIII.

SÉANCE DU LUNDI 3 JUILLET 1893.

Le Tribunal s'est réuni à 11 heures 30, tous les Arbitres étant présents.

L'Honorable EDWARD J. PHELPS reprend sa plaidoirie.

La séance est suspendue à 1 heure 30.

A la reprise, l'Honorable EDWARD J. PHELPS continue son argumentation.

A 4 heures la séance est levée et le Tribunal s'ajourne au lendemain à 11 heures 30.

Ainsi fait à Paris, le 3 juillet 1893, et ont signé :

Le Président : ALPH. DE COURCEL.

L'Agent des États-Unis : JOHN W. FOSTER.

L'Agent de la Grande-Bretagne : CHARLES H. TUPPER.

Le Secrétaire : A. IMBERT.

PROTOCOL XLVIII.

MEETING OF MONDAY JULY 3rd 1893.

The Tribunal assembled at 11.30 a. m., all the Arbitrators being present.

The Honorable EDVARD J. PHELPS resumed his argument.

At 1.30, the Tribunal took a recess.

On reassembling, the Honourable EDVARD J. PHELPS continued his argument.

At 4 p. m., the Tribunal adjourned to the next day at 11.30 a. m.

Done at Paris, the 3rd of July 1893, and signed :

The President :	ALPH. DE COURCEL.
The Agent for the United States :	JOHN W. FOSTER.
The Agent for Great Britain :	CHARLES H. TUPPER.
The Secretary :	A. IMBERT.

Translation certified to be accurate :

A. BAILLY-BLANCHARD.

H. CUNYNGHAME.

Co-Secretaries.

L'Honorable EDWARD J. PHELPS reprend son argumentation.

La séance est suspendue à 1 heure 30.

A la reprise, l'Honorable EDWARD J. PHELPS continue sa plaidoirie.

A 4 heures, la séance est levée et le Tribunal s'ajourne au lendemain à 11 heures 30.

Ainsi fait à Paris, le 4 juillet 1893, et ont signé :

Le Président : ALPH. DE COURCEL.

L'Agent des États-Unis : JOHN W. FOSTER.

L'Agent de la Grande-Bretagne : CHARLES H. TUPPER.

Le Secrétaire : A. IMBERT.

ENGLISH VERSION.

PROTOCOL XLIX.

MEETING OF TUESDAY JULY 4th 1893.

The Tribunal assembled at 11.30 a. m., all the Arbitrators being present.

The Honorable EDWARD J. PHELPS resumed his argument.

At 1.30, the Tribunal took a recess.

On reassembling, the Honorable EDWARD J. PHELPS continued his argument.

At 4 p. m., the Tribunal adjourned to the next day at 11.30 a. m.

Done at Paris, the 4th of July 1893, and signed :

The President : ALPH. DE COURCEL.

The Agent for the United States : JOHN W. FOSTER.

The Agent for Great Britain : CHARLES H. TUPPER.

The Secretary : A. IMBERT.

Translation certified to be accurate :

A. BAILLY-BLANCHARD.

H. CUNYNGHAME.

Co-Secretaries.

PROTOCOLE L.

SÉANCE DU MERCREDI 5 JUILLET 1893.

Le Tribunal s'est réuni à 11 heures 30, tous les Arbitres étant présents.

L'Honorable EDWARD J. PHELPS continue sa plaidoirie.

La séance est suspendue à 1 heure 30.

A la reprise, l'Honorable EDWARD J. PHELPS poursuit son argumentation.

A 4 heures, la séance est levée et le Tribunal s'ajourne au lendemain à 11 heures 30.

Ainsi fait à Paris, le 5 juillet 1893, et ont signé :

Le Président : ALPH. DE COURCEL.

L'Agent des États-Unis : JOHN W. FOSTER.

L'Agent de la Grande-Bretagne : CHARLES H. TUPPER.

Le Secrétaire : A. IMBERT.

ENGLISH VERSION.

PROTOCOL L.

MEETING OF WEDNESDAY JULY 5ᵗ 1893.

The Tribunal assembled at 11.30 a. m., all the Arbitrators being present.

The Honourable EDWARD J. PHELPS resumed his argument.

At 1.30, the Tribunal took a recess.

On reassembling, the Honourable EDWARD J. PHELPS continued his argument.

At 4 p. m., the Tribunal adjourned to the next day at 11.30 a. m.

Done at Paris, the 5ᵗʰ of July 1893, and signed :

The President : ALPH. DE COURCEL.

The Agent for the United States : JOHN W. FOSTER.

The Agent for Great Britain : CHARLES. H. TUPPER.

The Secretary : A. IMBERT.

Translation certified to be accurate :

A. BAILLY-BLANCHARD. ⎫
⎬ Co-Secretaries.
H. CUNYNGHAME. ⎭

La séance est suspendue à 1 heure 30.

A la reprise, l'Honorable EDWARD J. PHELPS continue son argumentation.

A 4 heures, la séance est levée et le Tribunal s'ajourne au lendemain à 11 heures 30.

Ainsi fait à Paris, le 6 juillet 1893, et ont signé :

Le Président : ALPH. DE COURCEL.

L'Agent des États-Unis : JOHN W. FOSTER.

L'Agent de la Grande-Bretagne : CHARLES H. TUPPER.

Le Secrétaire : A. IMBERT.

At 4 p. m., the Tribunal adjourned to the next day at 11. 30 a. m.

Done at Paris, the 6th of July 1893, and signed :

The President : ALPH. DE COURCEL.

The Agent for the United States : JOHN W. FOSTER.

The Agent for Great Britain : CHARLES H. TUPPER.

The Secretary : A. IMBERT.

Translation certified to be accurate :

A. BAILLY-BLANCHARD.

H. CUNYNGHAME.

} Co-Secretaries.

PROTOCOLE LII

SÉANCE DU VENDREDI 7 JUILLET 1893.

Le Tribunal s'est réuni à 11 heures 30, tous les Arbitres étant présents.

L'Honorable Edward J. Phelps reprend son argumentation,

La séance est suspendue à 1 heure 30.

A la reprise, l'Honorable Edward J. Phelps continue sa plaidoirie.

A 4 heures, la séance est levée et le Tribunal s'ajourne au lendemain à 2 heures de l'après-midi.

Ainsi fait à Paris, le 7 juillet 1893, et ont signé :

Le Président : ALPH. DE COURCEL.

L'Agent des États-Unis : JOHN W. FOSTER.

L'Agent de la Grande-Bretagne : CHARLES H. TUPPER.

Le Secrétaire : A. IMBERT.

The Tribunal assembled at 11. 30 a. m., all the Arbitrators being present.

The Honourable EDVARD J. PHELPS resumed his argument.

At 1. 30, the Tribunal took a recess.

On reassembling, the Honourable EDWARD J. PHELPS continued his argument.

At 4 p. m., the Tribunal adjourned to the next day at 2 p. m.

Done at Paris, the 7th of July 1893, and signed :

The President : ALPH. DE COURCEL.

The Agent for the United States : JOHN W. FOSTER.

The Agent for Great Britain : CHARLES H. TUPPER.

The Secretary : A. IMBERT.

Translation certified to be accurate :

A. BAILLY-BLANCHARD.

H. CUNYNGHAME.

} Co-Secretaries.

PROTOCOLE LIII.

SÉANCE DU SAMEDI 8 JUILLET 1893.

Le Tribunal s'est réuni à 2 heures, tous les Arbitres étant présents.

L'Honorable EDWARD J. PHELPS reprend et achève sa plaidoirie.

Sir CHARLES RUSSELL, au nom de ses Collègues, remercie les Membres du Tribunal de la bienveillante attention avec laquelle ils ont suivi ces longs débats. Il remercie également le Secrétaire, les Co-Secrétaires et Secrétaires adjoints du Tribunal, ainsi que les Secrétaires particuliers des Arbitres, de leur obligeant et utile concours.

L'Honorable EDWARD J. PHELPS s'associe aux paroles de Sir CHARLES RUSSELL, au nom des Conseils du Gouvernement des États-Unis. Il se fait l'interprète de tous ses Collègues en rendant hommage à la compétence et à la courtoisie avec lesquelles le Président a dirigé les discussions et renouvelle l'expression de leur gratitude pour l'hospitalité de la France.

LE PRÉSIDENT annonce alors que le Tribunal va prendre l'affaire en délibéré.

Sir CHARLES RUSSELL et l'Honorable EDWARD J. PHELPS témoignent le désir qu'au cas où le Tribunal, durant ses délibérations, croirait devoir s'adresser aux Conseils pour obtenir d'eux quelque éclaircissement, la demande et la réponse aient lieu par écrit.

LE PRÉSIDENT répond que le Tribunal tiendra compte de ce désir dans la mesure du possible, sans renoncer toutefois au droit que lui donne le Traité de requérir toutes informations orales, écrites ou imprimées qu'il jugera utile.

L'Agent de Sa Majesté Britannique fait connaître qu'il restera à Paris, ainsi que l'Agent des États-Unis, à la disposition du Tribunal.

A 4 heures, la séance est levée.

Ainsi fait à Paris, le 8 juillet 1893, et ont signé :

Le Président : ALPH. DE COURCEL.

L'Agent des États-Unis : JOHN W. FOSTER.

L'Agent de la Grande-Bretagne : CHARLES H. TUPPER.

Le Secrétaire : A. IMBERT.

PROTOCOL LIII.

MEETING OF SATURDAY JULY 8ᵗʰ 1893.

The Tribunal assembled at 2 p. m., all the Arbitrators being present.

The Honourable EDWARD J. PHELPS continued and concluded his argument.

Sir CHARLES RUSSELL, in the name of his Colleagues, thanked the Members of the Tribunal for the kind attention with which they had followed the lengthy debates. He also thanked the Secretary, Co-Secretaries and Assistant Secretaries of the Tribunal, as well as the private Secretaries of the Arbitrators, for their obliging and useful assistance.

The Honourable EDWARD J. PHELPS endorsed the remarks of Sir CHARLES RUSSELL in the name of Counsel for the Government of the United States. He referred, on behalf of all his Colleagues, to the ability and courtesy with which the President had directed the discussions, and he renewed the expression of their gratitude for the hospitality of France.

The President thereupon announced that the Tribunal would take the case under consideration.

Sir CHARLES RUSSELL and the Honourable EDWARD J. PHELPS expressed their desire that, in case the Tribunal, during its deliberations, should find it necessary to obtain from Counsel any further information, the request for such information and the answer thereto should be in writing.

The President replied that the Tribunal would take note of the request as far as possible, without however surrendering the right given it by the Treaty of requiring all such information, whether oral, written or printed, as it might deem useful.

The Agent of Her Britannic Majesty announced that the Agent of the United States and he would remain in Paris, at the disposition of the Tribunal.

At 4 p. m., the Tribunal adjourned.

Done at Paris, the 8ᵗʰ of July 1893, and signed :

The President : ALPH. DE COURCEL.

The Agent for the United States : JOHN W. FOSTER.

The Agent for Great Britain : CHARLES H. TUPPER.

The Secretary : A. IMBERT.

Translation certified to be accurate :

A. BAILLY-BLANCHARD.   ⎫
H. CUNYNGHAME.   ⎬ Co-Secretaries.

PROTOCOLE LIV.

Le Tribunal Arbitral s'est réuni à portes closes, tous les Arbitres étant présents, le lundi 10 juillet 1893, et a délibéré en séances successives jusqu'au lundi 14 août inclusivement, sur les questions soumises à sa décision.

Au cours de ces délibérations Lord HANNEN a présenté la proposition dont la teneur suit :

Que la Sentence du Tribunal soit rendue dans la forme suivante :

Attendu que, par un Traité entre les États-Unis d'Amérique et la Grande-Bretagne, signé à Washington le 29 février 1892, et dont les ratifications par les Gouvernements des deux Pays ont été échangées à Londres le 7 mai 1892, il a été, entre autres stipulations, convenu et réglé que les différends qui avaient surgi entre le Gouvernement des États-Unis d'Amérique et le Gouvernement de Sa Majesté Britannique, au sujet des droits de juridiction des États-Unis dans les eaux de la mer de Behring, et aussi relativement à la préservation des phoques à fourrure habitant ou fréquentant ladite mer et aux droits des citoyens et des sujets des deux Pays en ce qui concerne la capture des phoques à fourrure se trouvant dans lesdites eaux ou les fréquentant, seraient soumis à un Tribunal d'Arbitrage composé de sept Arbitres, qui seraient nommés de la manière suivante, savoir : deux Arbitres seraient désignés par le Président des États-Unis; deux Arbitres seraient désignés par Sa Majesté Britannique; Son Excellence le Président de la République Française serait prié, d'un commun accord, par les Hautes Parties contractantes de désigner un Arbitre; Sa Majesté le Roi d'Italie serait prié de la même manière de désigner un Arbitre; Sa Majesté le Roi de Suède et de Norvège serait prié de la même manière de désigner un Arbitre : les sept Arbitres ainsi nommés devant être des jurisconsultes d'une réputation distinguée dans leurs pays respectifs, et les Puissances auxquelles leur désignation serait remise devant être priées de choisir, autant que possible, des jurisconsultes sachant la langue anglaise;

Et attendu qu'il a été pareillement convenu, par l'Article II dudit Traité, que les Arbitres se réuniraient à Paris dans les vingt jours qui suivraient la remise des contre-mémoires mentionnés à l'Article IV, qu'ils examineraient et décideraient avec impartialité et soin les questions qui leur étaient ou qui leur seraient soumises dans les conditions prévues par ledit Traité, de la part des Gouvernements des États-Unis et de Sa Majesté Britannique respectivement, et que toutes les questions examinées par le Tribunal, y compris la Sentence finale, seraient décidées par les Arbitres à la majorité absolue des voix ;

Et attendu que, par l'Article VI dudit Traité, il a été pareillement convenu ce qui suit :

« En vue de la décision des questions soumises aux Arbitres, il est entendu « que les cinq points suivants leur seront soumis, afin que leur Sentence défi- « nitive comprenne une décision distincte sur chacun desdits cinq points, savoir :

« 1. Quelle juridiction exclusive dans la mer aujourd'hui connue sous le nom « de mer de Behring et quels droits exclusifs sur les pêcheries de phoques « dans cette mer la Russie a-t-elle affirmés et exercés avant et jusqu'à l'époque « de la cession de l'Alaska aux États-Unis ?

« 2. Jusqu'à quel point la revendication de ces droits de juridiction en ce « qui concerne les pêcheries de phoques a-t-elle été reconnue et concédée par « la Grande-Bretagne ?

« 3. L'espace de mer aujourd'hui connu sous le nom de mer de Behring « était-il compris dans l'expression *Océan Pacifique*, telle qu'elle a été em- « ployée dans le texte du Traité conclu en 1825 entre la Grande-Bretagne et « la Russie, et quels droits, si droits il y avait, la Russie a-t-elle possédés et « exclusivement exercés dans la mer de Behring après ledit Traité ?

« 4. Tous les droits de la Russie, en ce qui concerne la juridiction et en « ce qui concerne les pêcheries de phoques, dans la partie de la mer de Beh- « ring qui s'étend à l'Est de la limite maritime déterminée par le Traité du « 30 mars 1867 entre les États-Unis et la Russie, ne sont-ils pas intégralement « passés aux États-Unis en vertu de ce même Traité ?

« 5. Les États-Unis ont-ils quelque droit, et, en cas d'affirmative, quel droit « ont-ils, soit à la protection, soit à la propriété des phoques à fourrure qui « fréquentent les îles appartenant aux États-Unis dans la mer de Behring, quand « ces phoques se trouvent en dehors de la limite ordinaire de trois milles ? »

Et attendu que, par l'Article VII dudit Traité, il a été pareillement convenu ce qui suit :

« Si la décision des questions qui précèdent, en ce qui concerne la juri- « diction exclusive des États-Unis, laisse les choses en tel état que le concours « de la Grande-Bretagne soit nécessaire pour l'établissement de Règlements « en vue de la protection et de la préservation convenables des phoques à « fourrure habitant ou fréquentant la mer de Behring, les Arbitres auront à

IMAGE EVALUATION
TEST TARGET (MT-3)

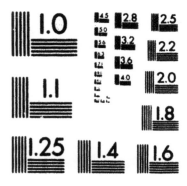

« déterminer quels Règlements communs sont nécessaires en dehors des limites
« de la juridiction des Gouvernements respectifs, et sur quelles eaux ces Rè-
« glements devraient s'appliquer. . . .

« Les Hautes Parties contractantes s'engagent en outre à unir leurs efforts
« pour obtenir l'adhésion d'autres Puissances à ces Règlements » ;

Et attendu que, par l'Article VIII dudit Traité, après avoir exposé que les
Hautes Parties contractantes n'avaient pu s'entendre sur une formule qui comprît la question des responsabilités à la charge de l'une d'elles, à raison de
préjudices allégués avoir été causés à l'autre, ou aux citoyens de l'autre, à
l'occasion des réclamations présentées et soutenues par ladite Partie, et qu'elles
« désiraient que cette question secondaire ne suspendît ou ne retardât pas plus
« longtemps la production et la décision des questions principales », les Hautes
Parties contractantes sont convenues que « chacune d'elles pourrait soumettre
« aux Arbitres toute question de fait impliquée dans lesdites réclamations et
« demander une décision à cet égard, après quoi la question de la responsa-
« bilité de chacun des deux Gouvernements à raison des faits établis serait
« matière à négociations ultérieures » ;

Et attendu que le Président des États-Unis d'Amérique a désigné l'Honorable
John M. Harlan, Juge de la Cour Suprême des États-Unis, et l'Honorable John
T. Morgan, Sénateur des États-Unis, pour être deux desdits Arbitres; que
Sa Majesté Britannique a désigné le Très Honorable Lord Hannen et Sir John
Thompson, Ministre de la Justice et Attorney General pour le Canada, pour être
deux desdits Arbitres; que Son Excellence le Président de la République
Française a désigné le Baron Alphonse de Courcel, Sénateur, Ambassadeur
de France, pour être un desdits Arbitres; que Sa Majesté le Roi d'Italie a désigné
le Marquis Emilio Visconti Venosta, ancien Ministre des Affaires Étrangères
et Sénateur du Royaume d'Italie, pour être un desdits Arbitres, et que Sa
Majesté le Roi de Suède et de Norvège a désigné M. Gregers Gram, Ministre
d'État, pour être un desdits Arbitres ;

Et attendu que Nous susnommés, Arbitres désignés et investis de la manière
qui vient d'être relatée, ayant accepté de prendre la charge de cet Arbitrage,
et Nous étant dûment réunis à Paris, avons procédé avec impartialité et soin
à l'examen et à la décision de toutes les questions qui ont été soumises à Nous,
Arbitres susnommés, en vertu dudit Traité, ou à Nous présentées au nom des
Gouvernements des États-Unis et de Sa Majesté Britannique respectivement, de
la manière prévue par ledit Traité ;

Nous, Arbitres susnommés, ayant examiné avec impartialité et soin lesdites
questions, décidons et prononçons de même, sur lesdites questions, par notre
présente Sentence, de la manière qui suit :

En ce qui concerne les cinq points mentionnés dans l'Article VI et sur chacun desquels notre jugement doit comprendre une décision distincte, Nous décidons et prononçons ce qui suit :

Sur le premier des cinq points susdits, Nous, Arbitres susnommés, décidons et prononçons......

Sur le second des cinq points susdits, Nous, Arbitres susnommés, décidons et prononçons......

Sur le troisième des cinq points susdits, Nous, Arbitres susnommés, décidons et prononçons......

Sur le quatrième des cinq points susdits, Nous, Arbitres susnommés, décidons et prononçons......

Sur le cinquième des cinq points susdits, Nous, Arbitres susnommés, décidons et prononçons......

Et attendu que les décisions ci-dessus relatées, sur les questions concernant la juridiction exclusive des États-Unis mentionnées dans l'Article VI, laissent les choses en état tel que le concours de la Grande-Bretagne est nécessaire pour l'établissement de Règlements en vue de la protection et de la réservation convenables des phoques à fourrure habitant ou fréquentant la mer de Behring, Nous, Arbitres susnommés, décidons et prononçons que les Règlements communs qui suivent, applicables en dehors des limites de la juridiction des Gouvernements respectifs, sont nécessaires, et qu'ils doivent s'étendre sur les eaux ci-après déterminées. ....

Et attendu que le Gouvernement de Sa Majesté Britannique a soumis au Tribunal d'Arbitrage, par application de l'Article VIII dudit Traité, certaines questions de fait impliquées dans les réclamations dont il est fait mention audit Article VIII, et a soumis également à Nous, formant ledit Tribunal, un exposé des faits tel qu'il suit :

Nous, Arbitres susnommés, disons et prononçons......

Et attendu que toutes et chacune des questions qui ont été examinées par le Tribunal ont été décidées à la majorité absolue des voix,

Nous...... déclarons que le présent Acte contient la décision finale et la Sentence écrite du Tribunal, conformément aux prescriptions du Traité.

Fait en double à Paris et signé par Nous, le...... jour...... de l'année 1893.

Après un échange de vues entre les Arbitres, il est convenu que le formulaire préparé par Lord HANNEN sera adopté comme base de la rédaction de la Sentence.

Le préambule de ce formulaire ayant été voté à l'unanimité, sans modification, les Arbitres passent à l'examen des cinq points mentionnés dans l'Article VI du Traité du 29 février 1892.

En ce qui concerne le premier point relatif aux droits exercés ou revendiqués par la Russie dans la mer de Behring, les Arbitres reconnaissent que diverses périodes doivent être distinguées.

Un débat s'étant élevé au sujet des événements qui ont précédé l'Ukase de 1821, il est convenu qu'ils seront laissés de côté, comme n'offrant point d'intérêt pour la décision des questions soumises au Tribunal.

En conséquence, M. le Baron DE COURCEL présente le projet de décision qui suit :

« Par l'Ukase de 1821, la Russie a revendiqué des droits de juri-
« diction dans la mer connue aujourd'hui sous le nom de mer de
« Behring jusqu'à la distance de cent milles italiens au large des côtes
« et îles lui appartenant; mais, au cours des négociations qui ont abouti
« à la conclusion des Traités de 1824 avec les États-Unis et de 1825
« avec la Grande-Bretagne, elle a admis que sa juridiction dans ladite
« mer serait limitée à une portée de canon de la côte; et il apparaît que,
« depuis cette époque jusqu'à l'époque de la cession de l'Alaska aux
« États-Unis, elle n'a jamais affirmé en fait ni exercé aucune juridiction
« exclusive dans la mer de Behring, ni aucun droit exclusif sur les
« pêcheries de phoques à fourrure dans ladite mer au delà des limites
« ordinaires des eaux territoriales. »

Cette rédaction est adoptée par une majorité composée de MM. le Baron DE COURCEL, le Juge HARLAN, Lord HANNEN, Sir JOHN THOMPSON, le Marquis VISCONTI VENOSTA et GREGERS GRAM. Le Sénateur MORGAN vote contre, en se réservant de proposer un amendement après que le second point aura été examiné.

En ce qui concerne le second des cinq points mentionnés dans l'Article VI, la décision suivante est adoptée par une majorité composée de MM. le Baron DE COURCEL, le Juge HARLAN, Lord HANNEN, Sir JOHN THOMPSON, le Marquis VISCONTI VENOSTA et GREGERS GRAM :

« La Grande-Bretagne n'a reconnu ni concédé à la Russie aucun droit
« à une juridiction exclusive sur les pêcheries de phoques dans la mer
« de Behring, en dehors des eaux territoriales ordinaires. »

Le Sénateur Morgan vote contre et présente la motion suivante destinée à remplacer les décisions qui viennent d'être adoptées sur les deux premiers points :

« 1. A partir de l'époque où la Russie fit la découverte de la mer de « Behring, de ses côtes et de ses îles, et où elle s'y établit, jusqu'au mo- « ment où elle en céda une partie aux États-Unis, elle réclama les peche- « ries de phoques dans la mer de Behring et exerça exclusivement le « droit d'exploiter ces pêcheries ainsi que de s'en attribuer le produit « et de les protéger contre toute tentative qui serait faite par les natio- « naux d'un autre Pays pour intervenir dans ces eaux.

« Elle exerça pareillement une juridiction exclusive reconnue néces- « saire à cet effet, ainsi qu'une juridiction exclusive pour réglementer « la chasse des phoques à fourrure dans ces eaux et pour accorder à ses « propres sujets le droit de se livrer à cette chasse.

« 2. L'attitude ainsi adoptée par la Russie, en ce qui concerne les « pêcheries de phoques à fourrure dans la mer de Behring, était « connue de la Grande-Bretagne et celle-ci l'admit sans objections. »

Cette motion est repoussée par tous les Arbitres, à l'exception du Sénateur Morgan.

En ce qui concerne le troisième des cinq points mentionnés dans l'Article VI, il est convenu que les deux questions qui y sont conte- nues seront considérées séparément.

Sur la première de ces questions, la décision suivante est adoptée à l'unanimité :

« L'espace de mer aujourd'hui connu sous le nom de mer de Behring « était compris dans l'expression *Océan Pacifique* telle qu'elle a été em- « ployée dans le texte du Traité de 1825 entre la Grande-Bretagne et « la Russie. »

Sur la deuxième de ces questions, la décision suivante est adoptée par une majorité composée de MM. le Baron DE COURCEL, le Juge HARLAN, Lord HANNEN, Sir JOHN THOMPSON, le Marquis VISCONTI VENOSTA et GREGERS GRAM, le Sénateur Morgan votant contre :

« La Russie n'a possédé ni exercé, après le Traité de 1825, aucun « droit exclusif de juridiction dans la mer de Behring ni aucun droit « exclusif sur les pêcheries de phoques dans cette mer, au delà de la « limite ordinaire des eaux territoriales. »

Le Baron DE COURCEL fait observer qu'en adhérant à la décision qui vient d'être votée, il n'a voulu parler de l'état de possession de la Russie dans la mer de Behring que dans la mesure où cet état de possession a été soumis à l'examen du Tribunal d'Arbitrage par les deux Gouvernements qui ont constitué ledit Tribunal, et qu'il n'entre nullement dans sa pensée de préjuger l'appréciation de la Russie elle-même, cette Puissance n'ayant pas été entendue par le Tribunal ni mise en situation de lui faire connaître ses vues.

En ce qui concerne le quatrième des cinq points mentionnés dans l'Article VI, la décision suivante est proposée par Lord HANNEN :

« Tous les droits de la Russie, en ce qui concerne la juridiction et en « ce qui concerne les pêcheries de phoques dans la partie de la mer de « Behring qui s'étend à l'Est de la limite maritime déterminée par le « Traité du 30 mars 1867 entre les États-Unis et la Russie, sont inté-« gralement passés aux États-Unis en vertu de ce même Traité. »

Cette proposition est adoptée à l'unanimité.

En ce qui concerne le cinquième des cinq points mentionnés dans l'Article VI, la décision suivante est proposée par Lord HANNEN :

« Les États-Unis n'ont aucun droit de protection ou de propriété sur « les phoques à fourrure qui fréquentent les îles appartenant aux États-« Unis dans la mer de Behring, quand ces phoques sont rencontrés en « dehors de la limite ordinaire de trois milles. »

Cette proposition est adoptée par une majorité composée de MM. le Baron DE COURCEL, Lord HANNEN, Sir JOHN THOMPSON, le Marquis VISCONTI VENOSTA et GREGERS GRAM.

Le Juge HARLAN et le Sénateur MORGAN votent contre et déclarent que, dans leur opinion, les États-Unis sont propriétaires du troupeau de phoques qui fréquente les îles appartenant aux États-Unis dans la mer de Behring, et sont autorisés à employer pour la protection des animaux formant ce troupeau, quand ils se trouvent en dehors de la limite ordinaire de trois milles, les mêmes mesures auxquelles un individu peut avoir légalement recours pour la protection de sa propriété. Ils déclarent aussi que, dans leur opinion, indépendamment de tout droit de propriété sur les phoques à fourrure en eux-mêmes, les États-Unis, comme possesseurs et propriétaires de l'industrie exercée sur les îles Pribilov, industrie qui consiste à capturer les phoques à fourrure sur ces îles pour un usage commercial, ont le droit de protéger ces animaux contre la capture en haute mer, hors des eaux territoriales, tant dans la mer de Behring que dans l'océan Pacifique Nord, par toute méthode, telle que la pêche en haute mer, qui aurait pour résultat inévitable l'extermination de l'espèce.

Le Sénateur MORGAN présente ensuite la motion suivante :

« Je propose d'amender le projet de décision et de Sentence qui nous
« est soumis en insérant après les mots *n'ont aucun droit* le mot *particulier*
« et, à la fin de ce même projet de décision et de Sentence, les mots
« suivants : *au delà des droits que la loi internationale reconnaît à toutes les*
« *nations pour leur protection propre et leur défense légitime,* de façon que
« la Sentence tout entière, pour ce qui se rapporte au cinquième point
« de l'Article VI du Traité, soit rédigée comme suit :

« *Relativement au cinquième desdits points, Nous, constituant la majorité*
« *des Arbitres susnommés, décidons et prononçons que les États-Unis n'ont*
« *aucun droit particulier de protection ou de propriété sur les phoques à four-*
« *rure qui fréquentent les îles appartenant aux États-Unis dans la mer de*
« *Behring, quand ces phoques se trouvent en dehors de la limite ordinaire de*
« *trois milles, au delà des droits que la loi internationale reconnaît à toutes*
« *les nations pour leur protection propre et leur défense légitime.* »

Le Juge HARLAN et le Sénateur MORGAN votent pour cet amendement et déclarent qu'étant donné que leurs vues, telles qu'elles sont exposées plus haut, relatives à la question de propriété et de protection, ne sont pas acceptées par la majorité, ils préfèrent voir formuler la réponse au cinquième point dans les termes indiqués par l'amendement du Sénateur MORGAN, plutôt que dans les termes que la majorité a approuvés.

Lord HANNEN, Sir JOHN THOMPSON, le Marquis VISCONTI VENOSTA et M. GREGERS GRAM votent contre l'amendement; le Baron DE COURCEL s'abstient.

En conséquence, l'amendement présenté par le Sénateur MORGAN est rejeté.

M. GREGERS GRAM prend ici la parole pour exprimer le désir qu'il soit bien entendu que le Tribunal, en répondant comme il l'a fait aux questions qui précèdent, ne s'est pas proposé de décider quelles sont, d'après les principes du droit international, les limites ordinaires des eaux territoriales.

Les Arbitres s'accordent à reconnaître qu'ils ne sont pas appelés à décider quelles sont, d'après la loi internationale, les limites ordinaires des eaux territoriales. Il a été admis que ces limites sont, pour les fins de la présente Sentence, de trois milles à partir de la côte, conformément au libellé de la cinquième question de l'Article VI du Traité.

Le Sénateur MORGAN demande la prise en considération de la motion suivante qu'il présente au Tribunal :

« Je propose que le Tribunal d'Arbitrage, avant de prononcer sa
« Sentence finale, procédant de la façon qui paraîtra convenable,
« examine et établisse quels sont les droits des citoyens et sujets des
« deux Pays en ce qui concerne la capture des phoques à fourrure habi-
« tant ou fréquentant les eaux de la mer de Behring.

« Cet examen et cette décision porteront sur tout le troupeau qui
« fréquente durant l'été et l'automne les îles de Saint-Paul et de Saint-
« Georges dans la mer de Behring.

« Les réponses données aux cinq points compris dans l'Article VI du
« Traité ne résolvent pas, selon moi, la question ci-dessus qui, aux
« termes du Traité, doit être soumise au Tribunal Arbitral. Une Sen-
« tence qui ne se prononcera pas explicitement sur cette question ne
« saurait constituer un règlement complet, parfait et final de toutes les
« questions soumises à l'Arbitrage.

« Je voudrais indiquer quels sont les motifs sur lesquels je base cette
« motion; mais, à ce qu'il me paraît, d'après les vues exprimées par la
« majorité des Arbitres, ceux-ci estiment ou bien que le Traité ne
« prescrit pas une réponse spéciale à ladite question, ou bien qu'en fait
« cette réponse se trouve implicitement contenue dans la décision de la
« majorité du Tribunal portant sur le cinquième point de l'Article VI
« du Traité en vertu duquel procède le Tribunal. »

Cette motion donne lieu à débat.

Le Juge HARLAN et le Sénateur MORGAN votent pour qu'elle soit adoptée.

Le Baron DE COURCEL, Lord HANNEN, Sir JOHN THOMPSON, le Marquis VISCONTI VENOSTA et M. GREGERS GRAM, constituant la majorité des Arbitres, opinent que toutes les questions visées par l'Article Ier du Traité trouvent leur réponse dans les décisions qui ont été rendues sur les cinq points mentionnés à l'Article VI et votent contre la motion.

En conséquence, la motion est rejetée.

Arrivés à ce point de leurs délibérations, les Arbitres constatent que les décisions rendues par eux sur les questions concernant la juridiction exclusive des États-Unis, mentionnées dans l'Article VI du Traité, laissent les choses en état tel que le concours de la Grande-Bretagne est nécessaire pour l'établissement de Règlements en vue de la protection et de la préservation convenables des phoques à fourrure habitant ou fréquentant la mer de Behring.

En conséquence, ils décident de passer à l'examen des Règlements communs prévus par l'Article VII du Traité.

Le Juge Harlan présente le projet de décision suivant :

« Il est admis en principe que l'objet de l'Article VII du Traité est de « garantir en toute éventualité la protection et la préservation conve-« nables du troupeau de phoques fréquentant les îles Pribilov ; et, dans « la rédaction des Règlements prévus par le Traité, la pêche des phoques « en haute mer ne devra jamais être permise dans une mesure telle que « l'objet indiqué puisse être sérieusement mis en péril. »

Le Juge Harlan et le Sénateur Morgan votent pour l'adoption de ce projet.

Lord Hannen et M. Gregers Gram déclarent s'abstenir parce qu'ils trouvent que la proposition présentée est d'un caractère trop abstrait.

Sir John Thompson refuse de voter par ce motif, entre autres, que le Traité ne donne pas au Tribunal le pouvoir de prescrire les mesures qui pourraient être nécessaires pour garantir, *en toute éventualité*, la préservation des phoques et notamment pour garantir leur préservation sur les terrains où leur reproduction a lieu.

Le Marquis Visconti Venosta vote contre la proposition.

Il fait observer qu'afin d'assurer la préservation des phoques à fourrure, les Règlements devraient établir un ensemble de prescriptions applicables à toutes les localités, tant sur terre que sur mer, où se développe la vie des phoques qui fréquentent la mer de Behring ; et ces prescriptions devraient être également acceptées par toutes les nations dont les ressortissants peuvent prendre concurremment part à la pêche des phoques. Or, de semblables Règlements dépasseraient la compétence du Tribunal, telle qu'elle est définie par le Traité.

La responsabilité des Arbitres, quant aux résultats de leur œuvre, est nécessairement bornée par les limites de leur mandat : Ils pourront simplement prescrire telles mesures qu'ils jugeront compatibles avec les circonstances et avec les jugements qu'ils auront prononcés sur les questions de droit, et exprimer le vœu que ces Règlements reçoivent leur complément nécessaire, dans les limites de la juridiction territoriale des deux États, et qu'ils deviennent l'objet d'une entente avec les autres nations.

Le Baron DE COURCEL vote contre la proposition parce qu'il la tient, comme Lord HANNEN et M. GREGERS GRAM, pour trop abstraite, et aussi parce que, d'après sa manière de voir, le Traité, lorsqu'il a prescrit l'établissement de Règlements pour la protection et la préservation *convenables* des phoques, a entendu qu'il devait être tenu compte des circonstances données; il ajoute que la préservation de cette espèce animale doit être réglée, non dans l'intérêt absolu de l'espèce, mais dans l'intérêt des industries humaines dont elle fait l'objet, sans que le Tribunal ait à distinguer entre la nature de ces différentes industries, exercées sur terre ou sur mer, et sans qu'il ait à favoriser l'une au détriment de l'autre.

En conséquence, le projet de résolution présenté par le Juge HARLAN est repoussé.

Le Juge HARLAN présente alors la motion suivante :

« Le Tribunal a le pouvoir, et il a également le devoir, en vertu du
« Traité, de prescrire tels règlements communs, s'appliquant aux eaux
« situées au delà des limites de la juridiction de chacune des deux
« Nations, soit dans la mer de Behring, soit dans l'océan Pacifique
« Nord, traversées par les phoques à fourrure habitant ou fréquentant
« la mer de Behring, qui paraîtront nécessaires pour assurer la protec-
« tion et la préservation convenables desdits phoques, même au cas où
« ces règlements, lorsqu'ils auront été sanctionnés par la législation des
« deux Gouvernements, devraient, en raison de leurs dispositions
« expresses ou par le fait de leur application, avoir pour résultat d'em-
« pêcher la chasse et la capture desdits phoques, pendant les saisons où
« l'état des mers susdites rend possible la capture des phoques à four-
« rure par les pêcheurs de haute mer. »

Le Juge HARLAN et le Sénateur MORGAN votent pour cette motion.

Lord HANNEN décline de voter, pour ce motif, entre autres, que les Arbitres ne sont pas appelés à voter sur des questions abstraites, en tant que ces questions sont isolées des faits sur lesquels les décisions du Tribunal doivent porter.

Sir John Thompson décline de voter, notamment pour la raison qui suit : « Les vues des différents Arbitres sur cette question abstraite et « autres semblables, se rapportant aux Règlements, ont été mieux expri- « mées au cours des délibérations des dernières semaines qu'elles ne le « seraient par les termes de la présente motion. »

M. Gram déclare s'abstenir parce que la motion présentée n'aurait point pour lui de valeur pratique, son vote sur les Règlements ne devant être affecté d'aucune façon par la question telle qu'elle est posée.

Le Marquis Visconti Venosta s'abstient également.

Il croit que le Traité, dans son article VII, avait en vue la limitation et non l'interdiction de l'exercice du droit de pêcher les phoques en haute mer. Il est disposé à voter des prescriptions efficaces pour em- pêcher ce qu'il peut y avoir dans cette pêche d'essentiellement destructif pour l'espèce. Mais, après avoir reconnu le droit, il ne se croit pas auto- risé, par l'interprétation du Traité, à le supprimer pratiquement, soit par une interdiction absolue, soit par des mesures qui en seraient l'équi- valent.

Le Baron de Courcel pourrait accepter le principe exprimé dans la motion, mais décline de la voter, parce qu'il la trouve purement abstraite.

En conséquence, la motion est repoussée.

Le Tribunal procède à la préparation du texte des Règlements com- muns qu'il est chargé de rédiger en vertu de l'Article VII du Traité.

Le Juge Harlan présente le projet suivant, auquel le Sénateur Morgan déclare adhérer :

« Article premier. Aucun Citoyen ou Sujet des États-Unis ou de la « Grande-Bretagne ne pourra, de quelque façon que ce soit, tuer, cap- « turer ou poursuivre sur aucun point des mers, dans l'étendue des « limites et lignes de démarcation indiquées ci-dessous pour l'application « de ces Règlements, aucun des animaux communément dénommés « phoques à fourrure.

« Art. 2. Le Règlement qui précède s'appliquera, en dehors des « limites de la juridiction des deux nations susnommées, sur toute « l'étendue des eaux de l'Océan Pacifique Nord et de la mer de Behring, « au Nord du trente-cinquième parallèle de latitude Nord et à l'Est du « cent quatre-vingtième méridien de longitude de Greenwich.

« Art. 3. Tout navire ou tout individu qui contreviendra aux présents

« Règlements pourra être saisi et retenu par les officiers de la marine de
« guerre ou autres officiers dûment commissionnés des États-Unis ou de
« la Grande-Bretagne, mais devra toutefois être remis, aussitôt que pos-
« sible, aux autorités de la Nation à laquelle il appartient; celles-ci seules
« auront qualité pour juger de la contravention et appliquer les peines
« qu'elle comporte; les témoins et moyens de preuve nécessaires pour
« établir la contravention ou pour démontrer qu'elle n'a pas eu lieu,
« trouvés sur le navire, seront envoyés en même temps auxdites auto-
« rités.

« ART. 4. Toute personne coupable d'infraction aux présents Règle-
« ments sera, pour chaque contravention, punie d'une amende qui ne
« pourra s'élever à moins de deux cents dollars ni à plus de mille dollars
« ou d'un emprisonnement qui ne pourra être de plus de six mois, ou
« des deux peines cumulativement, et les navires, leurs agrès, appa-
« raux, matériel et cargaison, trouvés en état de contravention à ces
« Règlements, seront confisqués et condamnés. »

Sir John Thompson présente le projet suivant :

« ARTICLE PREMIER. La pêche des phoques ne sera permise qu'en
« vertu de licences qui seront délivrées dans deux ports des États-Unis
« et deux ports canadiens sur la côte du Pacifique.

« Ces licences ne seror accordées qu'à des navires à voiles et ne pour-
« ront être délivrées antérieurement à une date correspondant à celle du
« 1er mai sous la latitude de Victoria dans la Colombie britannique.

« ART. 2. Tout navire pourvu d'une pareille licence devra faire
« usage d'un pavillon distinctif et mentionner jour par jour dans son
« livre de bord le nombre des phoques tués ou blessés et l'emplacement
« où la pêche aura lieu; toutes ces mentions devront être déposées
« entre les mains des collecteurs des douanes au retour des navires.

« ART. 3. L'usage des carabines et des filets est interdit dans la
« pêche des phoques.

« ART. 4. Il sera interdit de tuer des phoques dans une zone de
« trente milles autour des îles Pribilov et dans une zone de dix milles
« autour des îles Aléoutiennes.

« ART. 5. Il est interdit de tuer des phoques dans la mer de Behring,
« à l'Est de la ligne de démarcation adoptée dans le traité de cession
« entre la Russie et les États-Unis, avant le 1er juillet et après le 1er oc-
« tobre de chaque année.

« ART. 6. Les Règlements qui précèdent entreront en vigueur à partir
« du jour qui sera fixé d'un commun accord par la Grande-Bretagne et les
« États-Unis, et continueront de rester en vigueur pendant dix ans à
« partir du jour susindiqué; et, à moins que la Grande-Bretagne ou les
« États-Unis ne donnent, douze mois avant l'expiration de ladite période
« de dix années, avis de leur intention de mettre fin à la validité desdits
« Règlements, ceux-ci continueront de rester en vigueur pendant une
« année de plus, et ainsi de suite d'année en année. »

Le Sénateur Morgan soumet au Tribunal la déclaration qui suit :

« J'adhère à la position prise par les États-Unis, demandant la probi-
« bition de la pêche des phoques en haute mer, au nord du 35° degré
« de latitude Nord, et (afin de laisser en dehors de cette disposition toute
« question pouvant toucher aux intérêts essentiels de la Russie) à l'Est
« du 180° degré de longitude de Greenwich.

« J'ai la conviction que telle est la seule méthode véritablement effi-
« cace pour protéger et préserver ces phoques; mais, dans le cas où le
« Tribunal préférerait pourvoir à la protection et à la préservation de ces
« animaux par le système d'une saison de clôture, je me permettrai
« respectueusement d'insister pour que l'emploi des armes à feu et
« des explosifs soit prohibé dans cette pêche, sous la sanction de péna-
« lités effectives; et cela, aussi bien en vue de la protection et de la préser-
« vation des phoques qu'en vue de la protection de la vie humaine et de la
« préservation de la paix. En effet, la pêche de ces animaux précieux
« poursuivie en commun, ou en vertu d'un droit commun, et dans les
« mêmes eaux, amènera des conflits et une effusion de sang, qui pour-
« ront dégénérer en luttes entre les nations, dès que l'usage des armes à
« feu aura été sanctionné par les lois que les deux Gouvernements en
« cause devront promulguer afin de mettre à exécution la Sentence du
« Tribunal.

« Il n'y a point de restriction ni de limitation qu'il soit possible de
« mettre à l'usage destructif de ces engins dont l'emploi condamne les
« phoques à disparaître. Ce résultat est aussi certain qu'il est évident
« que le génie de l'homme, appliqué à la destruction des phoques, est
« presque infiniment supérieur à l'instinct de conservation dont ces ani-
« maux sont doués comme aux moyens qu'ils ont à leur disposition pour
« échapper à la poursuite de l'homme qui les pourchasse sur mer,

« dans des embarcations, armé de fusils à deux coups, se chargeant par
« la culasse avec des cartouches à douilles. »

Le Baron DE COURCEL, le Marquis VISCONTI VENOSTA et M. GREGERS
GRAM ayant, avec l'assentiment de leurs Collègues, préparé un texte
de Règlements communs destiné à être soumis au Tribunal, présentent, en leur nom collectif, le projet dont la teneur suit :

« ARTICLE PREMIER. Les Gouvernements des États-Unis et de la
« Grande-Bretagne interdiront à leurs citoyens et sujets respectifs de
« tuer, prendre ou poursuivre, en tout temps et de quelque manière
« que ce soit, les animaux communément appelés phoques à fourrure,
« dans une zone de 60 milles autour des îles Pribilov, en y comprenant
« les eaux territoriales.

« Les milles mentionnés dans le paragraphe précédent sont des milles
« géographiques, de 60 au degré de latitude.

« ART. 2. Les deux Gouvernements interdiront à leurs citoyens et
« sujets respectifs de tuer, prendre ou poursuivre les phoques à four-
« rure, de quelque manière que ce soit, pendant la saison s'étendant
« chaque année du 15 avril au 31 juillet inclusivement, sur la haute
« mer, dans la partie de l'Océan Pacifique, en y comprenant la mer de
« Behring, qui est sise au Nord du 35e degré de latitude Nord.

« ART. 3. Pendant la période de temps et dans les eaux où la pêche
« des phoques à fourrure demeurera permise, les navires à voiles seront
« seuls admis à l'exercer ou à s'associer aux opérations de cette pêche.
« Ils auront cependant la faculté de se faire assister par des pirogues
« ou petites embarcations manœuvrées uniquement à la rame.

« ART. 4. Tout navire à voiles autorisé à se livrer à la pêche des
« phoques à fourrure devra être muni d'une licence spéciale délivrée à
« cet effet par son Gouvernement, et devra porter un pavillon dis-
« tinctif qui sera déterminé par ledit Gouvernement.

« ART. 5. Les patrons des navires engagés dans la pêche des phoques
« à fourrure devront mentionner exactement sur leurs livres de bord
« la date et le lieu de chaque opération de pêche des phoques à four-
« rure, ainsi que le nombre et le sexe des phoques capturés chaque
« jour. Ces mentions devront être communiquées par chacun des deux
« Gouvernements à l'autre à la fin de chaque saison de pêche.

« ART. 6. L'emploi des filets, des armes à feu et des explosifs sera

« interdit dans la pêche des phoques à fourrure. Cette restriction ne
« s'appliquera pas aux fusils de chasse, quand cette pêche sera pratiquée
« en dehors de la mer de Behring.

« Art. 7. Les deux Gouvernements prendront des mesures en vue de
« contrôler l'aptitude des hommes autorisés à exercer la pêche des pho-
« ques à fourrure; ces hommes devront être reconnus aptes à manier
« avec une habileté suffisante les armes au moyen desquelles cette pêche
« pourra être faite.

« Art. 8. Les dispositions contenues dans les articles précédents ne
« s'appliqueront pas aux Indiens résidant sur les côtes des territoires des
« États-Unis ou de la Grande-Bretagne et poursuivant, dans leurs
« pirogues, à une petite distance des côtes où ils résident, la pêche des
« phoques à fourrure.

« Art. 9. Les Règlements communs établis par les articles précé-
« dents, en vue de la protection et de la préservation des phoques à
« fourrure, demeureront en vigueur jusqu'à ce qu'ils aient été en tout
« ou partie abolis ou modifiés par un accord entre les Gouvernements
« des États-Unis et de la Grande-Bretagne.

« Lesdits Règlements communs seront soumis tous les cinq ans à un
« nouvel examen, pour que les deux Gouvernements intéressés se
« trouvent en mesure d'apprécier, à la lumière de l'expérience acquise,
« s'il y a lieu d'y apporter quelque modification. »

Le Baron DE COURCEL développe, au nom de ses deux Collègues et
au sien, les motifs à l'appui du projet qui précède.

Le Tribunal décide de prendre pour base de ses délibérations sur
les Règlements communs qu'il est chargé de préparer la rédaction présentée collectivement par le Baron de Courcel, le Marquis Visconti
Venosta et M. Gregers Gram.

Il est procédé à l'examen de l'Article premier de ce projet.

Sir JOHN THOMPSON propose, à titre d'amendement, que la zone
d'interdiction autour des îles Pribilov soit de trente milles, en y comprenant les eaux territoriales.

Cet amendement est repoussé par le vote de la majorité, composée
du Baron DE COURCEL, du Juge HARLAN, du Sénateur MORGAN, du
Marquis VISCONTI VENOSTA et de M. GREGERS GRAM. Lord HANNEN
déclare qu'après beaucoup d'hésitation et, tout en considérant que des

raisons sérieuses recommandent l'adoption d'une zone de trente milles, il se rallie au vote de la majorité.

Le texte de l'Article premier est adopté, conforme au projet, par tous les Arbitres, à l'exception de Sir JOHN THOMPSON.

Sur l'Article 2, Sir JOHN THOMPSON propose l'amendement suivant :

« Qu'à la date du 15 avril mentionnée dans le projet soit substituée la date du 1er mai. »

Sir JOHN THOMPSON développe ses vues à l'appui de cet amendement.

Le Juge HARLAN et le Sénateur MORGAN votent contre l'amendement.

Ils déclarent d'un commun accord que la protection et la préservation convenables des phoques à fourrure ne peuvent être véritablement assurées que par la prohibition de la pêche des phoques en haute mer, dans toutes les eaux traversées par ces animaux, au Nord du 35e degré de latitude Nord et à l'Est du 180e degré de longitude de Greenwich.

Cependant comme l'établissement d'une saison de clôture, du 15 avril au 31 juillet, rapprochée d'autres dispositions, donnait quelque espoir que cette race d'animaux pourrait être préservée de la destruction dont elle est menacée par les pêcheurs, et, comme cette période de clôture avait été recommandée par les Arbitres français, italien et norvégien, ils s'étaient montrés disposés, mais dans un intérêt de conciliation seulement, à accepter la saison de clôture proposée par le Baron de Courcel, le Marquis Visconti Venosta et M. Gregers Gram, dans les termes de leur projet original. Mais ils font objection au remplacement proposé de la date du 15 avril par celle du 1er mai, ce changement étant de nature à mettre en péril l'existence de la race des phoques, et pouvant avoir pour effet de compromettre la protection et la préservation convenables de ces animaux.

Le devoir du Tribunal, disent-ils, est d'établir des Règlements propres à assurer la protection et la préservation convenables de la race des phoques, quelles que soient les conséquences qui puissent résulter de ces Règlements pour les entreprises de pêche en haute mer.

L'amendement présenté par Sir JOHN THOMPSON est accepté par Lord HANNEN, le Marquis VISCONTI VENOSTA et M GREGERS GRAM.

Le Baron DE COURCEL déclare qu'il a de sérieuses objections contre une extension de la période ouverte à la pêche pélagique au printemps, parce que c'est pendant cette période que la pêche en haute mer, frappant les femelles près de mettre bas, est la plus destructive; néanmoins, il croit devoir voter l'amendement de Sir John Thompson par esprit de conciliation et afin d'obtenir l'adoption, dans ses lignes générales, du projet actuellement soumis à l'examen des Arbitres, projet qui, il ne l'ignore pas, impose dans son ensemble des limitations sévères à la pêche des phoques à fourrure en haute mer.

En conséquence, la substitution de la date du 1er mai à celle du 15 avril dans l'Article 2, proposée par Sir John Thompson, est adoptée.

Sir John Thompson présente alors un second amendement ainsi conçu :

« Que les mots : *du 1er mai au 31 juillet* soient effacés et remplacés « par les mots : *du 1er janvier au 1er juillet.* »

Le Juge Harlan et le Sénateur Morgan élèvent les plus fortes objections contre l'autorisation de la pêche en haute mer pendant le mois de juillet et votent contre l'amendement.

Lord Hannen s'abstient provisoirement d'exprimer une opinion.

Le Marquis Visconti Venosta trouve difficile d'accepter la date du 1er juillet. Dans le cas où la majorité des Arbitres se rallierait, en principe, à l'amendement de Sir John Thompson, il demanderait que cette date fût remplacée par celle du 15 juillet. C'est pendant le mois de juillet que s'accomplit le travail de la reproduction des phoques, principalement dans la première quinzaine de ce mois, pendant laquelle beaucoup de femelles prêtes à mettre bas sont en route entre les passes Aléoutiennes et le groupe des Pribilov.

Mais, dit-il, la question de la saison de clôture est, dans sa manière de voir, intimement liée à celle de l'interdiction des armes à feu.

L'établissement d'une saison de clôture, s'étendant de janvier à juillet signifie que, pratiquement, il n'y aura pas de pêche des phoques en dehors de la mer de Behring, et que l'usage des armes à feu étant, par l'article VI du projet, interdit dans cette mer, toute pêche des phoques ne sera permise à l'avenir qu'au moyen de piques et de harpons.

Il a déjà eu l'occasion de faire connaître son point de vue. Il est disposé à mettre des restrictions sérieuses à la pêche des phoques, mais il n'entend pas la supprimer ni en principe, ni en pratique, ni ouvertement, ni par des moyens indirects. Il ne croit pas que le Tribunal puisse retirer par les Règlements tout ce qu'il a concédé par ses décisions sur les questions de droit.

Il ne possède pas de renseignements suffisants pour se faire une opinion sur les effets pratiques de l'interdiction des armes à feu et de l'usage exclusif de piques et de harpons. Si l'interdiction dont il s'agit avait été appliquée, ainsi qu'il a été proposé dans le projet, à une seule des régions où se pratique la pêche des phoques, les conséquences, quelles qu'elles fussent, n'auraient porté que sur une partie de la pêche, et de cette façon l'interdiction n'aurait été qu'une limitation. Mais si elle doit s'appliquer à la pêche des phoques tout entière, il ne peut plus en mesurer les conséquences et, dans ces conditions, il serait obligé de réserver son vote sur la question de l'interdiction des armes à feu.

Il inclinerait plutôt à rechercher si en acceptant une saison de clôture du 1er janvier au 15 juillet, il ne conviendrait pas, à la place de ladite interdiction, de décider que, tous les trois ans, la pêche des phoques sera suspendue pour la durée d'une année entière. Ce ne serait qu'une restriction et il se sentirait en mesure d'en apprécier, au moins par comparaison, les conséquences.

M. GRAM pense, comme le Marquis VISCONTI VENOSTA, que la pêche en haute mer pendant le mois de juillet frapperait nécessairement un grand nombre de femelles prêtes à mettre bas et serait par conséquent très nuisible. D'un autre côté, il tient à déclarer que, guidé par les considérations qu'il a exposées devant ses collègues, il est arrivé à la conviction que tout Règlement en vue de la protection et de la préservation convenables des phoques resterait inefficace à moins de pourvoir à la suppression des armes à feu, en tant que la pêche est exercée dans la mer de Behring. Il vote contre l'amendement de Sir JOHN THOMSON.

Le Baron DE COURCEL déclare qu'il est disposé à accepter l'amendement, parce qu'il considère la pêche du printemps comme essentiellement nuisible à la préservation de l'espèce des phoques à fourrure; à son avis, la période de clôture, pour la pêche des phoques, devrait s'étendre jusqu'au 15 juillet, époque où la totalité des femelles, à part des exceptions peu importantes, est arrivée sur les îles Pribilov pour y mettre bas; mais il ferait volontiers le sacrifice des quinze premiers jours de juillet pour obtenir l'abandon de toute pêche pélagique au printemps.

L'amendement de Sir JOHN THOMPSON se trouve repoussé par la majorité des Arbitres.

Le Baron DE COURCEL propose alors, à titre de transaction, l'amendement qui suit :

« Que les mots : *du 1er mai au 31 juillet* soient remplacés par les « mots : *du 1er janvier au 10 juillet.* »

Sir John Thompson, considérant que le Tribunal ne possède pas de renseignements suffisants pour décider si l'abandon du droit de pêcher les phoques à fourrure pendant les quatre mois de l'hiver et du printemps où ce droit avait été concédé par le règlement précédemment adopté, serait suffisamment compensé par la concession supplémentaire du droit de pêche pendant la courte période formée des trois dernières semaines du mois de juillet: déclare qu'il refuse d'assumer une responsabilité à cet égard et s'abstient de voter l'amendement proposé.

Lord Hannen s'abstient pour les mêmes raisons que Sir John Thompson.

Les autres Arbitres maintiennent leurs objections contre toute pêche des phoques au mois de juillet.

En conséquence, l'amendement n'est pas adopté.

Lord Hannen demande que l'étendue des eaux sur lesquelles la pêche des phoques à fourrure sera interdite chaque année pendant la saison de clôture, limitée au Sud par le 35ᵉ degré de latitude Nord, le soit également à l'Ouest par l'adoption d'une ligne de démarcation, à défaut de laquelle la Russie et le Japon seraient appelés à bénéficier gratuitement, au profit des troupeaux de phoques qui fréquentent leurs eaux, des interdictions imposées aux sujets et citoyens de la Grande-Bretagne et des États-Unis. Il propose en conséquence d'insérer dans l'Article 2, après les mots : *au Nord du 35ᵉ degré de latitude Nord*, les mots : *et à l'Est du 180° degré de longitude de Greenwich jusqu'à sa rencontre avec la limite maritime décrite dans l'Article 1ᵉʳ du traité de 1867 entre les États-Unis et la Russie, et ensuite à l'Est de cette ligne jusqu'au détroit de Behring.*

Le Baron de Courcel dit que, si les auteurs du projet se sont abstenus d'indiquer une limite Ouest telle qu'elle est réclamée par Lord Hannen, ils ont agi ainsi par égard pour la Russie et le Japon, puissances non représentées devant le Tribunal d'Arbitrage, et vers les eaux desquelles il paraissait peu équitable de rejeter les pêcheurs anglais et américains pendant toute la durée de la saison de clôture. Néanmoins, en ce qui le concerne, le Baron de Courcel désire ne rien faire qui puisse préjudicier à la position de la Grande-Bretagne ou des États-Unis, dans les négociations que les Gouvernements de ces deux pays pourraient engager ultérieurement avec la Russie ou le Japon. En conséquence, il accepte l'amendement proposé par Lord Hannen.

Cet amendement, également accepté par les autres Arbitres, est voté à l'unanimité.

L'ensemble de l'Article 2 du projet, modifié et complété par les deux amendements qui y ont été apportés, est voté par le Baron de Courcel, Lord Hannen, Sir John Thompson, le Marquis Visconti Venosta et M. Gregers Gram. Le Juge Harlan et le Sénateur Morgan votent contre.

Le texte de l'Article 3 du projet, à la suite d'un échange de vues entre les Arbitres, est modifié dans sa dernière partie. Aux mots : *pirogues ou petites embarcations manœuvrées uniquement à la rame*, les mots suivants sont substitués : *pirogues ou autres embarcations non pontées, mues par des pagaies, des rames ou des voiles, du genre de celles qui sont communément employées comme bateaux de pêche.*

L'Article ainsi modifié est adopté.

L'Article 4 du projet est intégralement voté à l'unanimité.

L'Article 5 est également adopté à l'unanimité.

En ce qui concerne l'Article 6, il est demandé que les deux phrases qui le composent soient examinées et votées séparément.

La première phrase ainsi conçue : *L'emploi des filets, des armes à feu et des explosifs sera interdit dans la pêche des phoques à fourrure*, est votée par le Baron de Courcel, le Juge Harlan, le Sénateur Morgan, le Marquis Visconti Venosta et M. Gregers Gram.

Sir John Thompson vote contre.

Lord Hannen s'abstient, se réservant de voter sur l'ensemble de l'article.

La seconde phrase est ainsi conçue : *Cette restriction ne s'appliquera pas aux fusils de chasse, quand cette pêche sera pratiquée en dehors de la mer de Behring.*

Cette disposition est repoussée par Sir John Thompson, qui combat l'interdiction des fusils de chasse dans la mer de Behring ou en dehors de cette mer. La disposition proposée est adoptée par une majorité composée du Baron de Courcel, de Lord Hannen, du Marquis Visconti Venosta et de M. Gram.

Le Juge Harlan et le Sénateur Morgan s'abstiennent de voter, se déclarant opposés à tout usage des fusils de chasse dans toute l'étendue des eaux que parcourent ces phoques à fourrure.

Le Tribunal décide que, pour éviter une équivoque possible, l'Article 6 sera complété par l'adjonction des mots suivants, qui seront placés à la fin de la seconde phrase : *Et pendant la saison où elle pourra être légitimement exercée.*

L'ensemble de l'Article 6 est voté par la majorité formée du Baron DE COURCEL, de Lord HANNEN, du Marquis VISCONTI VENOSTA et de M. GREGERS GRAM. Le Juge HARLAN, le Sénateur MORGAN et Sir JOHN THOMPSON votent contre.

Le texte de l'Article 7 soulève de la part de plusieurs Arbitres des observations portant sur la difficulté pratique d'obtenir une stricte exécution de cet article. Néanmoins l'article est voté par une majorité composée de tous les Arbitres, à l'exception de Sir JOHN THOMPSON, qui vote contre.

En ce qui concerne l'Article 8, le Sénateur MORGAN propose de supprimer l'ensemble de cet article. Cette motion est repoussée par tous les Arbitres, à l'exception du Juge HARLAN et du Sénateur MORGAN.

Le Juge HARLAN déclare qu'il aurait désiré obtenir la suppression totale de l'Article 8, mais, cette suppression ayant été repoussée, il propose de substituer au texte du projet le texte suivant :

« Les Règlements contenus dans les précédents articles ne s'applique-
« ront pas aux Indiens habitant sur les côtes du territoire des États-
« Unis ou de la Grande-Bretagne et pratiquant la pêche des phoques à
« fourrure, avec des piques ou harpons seulement, dans des pirogues
« ou embarcations non pontées, non transportées par d'autres navires,
« ni employées à l'usage de ceux-ci, mues exclusivement à l'aide de
« pagaies ou d'avirons, et manœuvrées chacune par deux personnes
« au plus, de la manière autrefois usitée par les Indiens; pourvu
« que ceux-ci ne soient pas engagés au service d'autres personnes, et
« qu'alors qu'ils chassent ainsi dans des pirogues ou embarcations
« non pontées, ils ne poursuivent pas les phoques à fourrure, en dehors
« des eaux territoriales, en vertu d'engagements contractés pour la
« livraison des peaux à une personne quelconque.

« Cette exception n'aura pas pour effet de porter atteinte à la législa-
« tion nationale de l'un ou de l'autre des deux Pays; elle ne s'étendra
« pas aux eaux de la mer de Behring, ni aux eaux des passes Al'ou-
« tiennes ».

Les Arbitres décident à l'unanimité de prendre pour base de la rédaction de l'Article 8 le texte présenté par le Juge HARLAN.

Sir JOHN THOMPSON propose d'effacer de ce texte, les mots : *avec des piques ou harpons seulement.*

Cette suppression est votée par une majorité composée du Baron DE COURCEL, de Lord HANNEN, de Sir JOHN THOMPSON, du Marquis VISCONTI VENOSTA et de M. GREGERS GRAM.

Le Juge HARLAN et le Sénateur MORGAN votent contre la suppression demandée, parce qu'ils ont les plus fortes objections à l'emploi des armes à feu par les Indiens, à quelque époque et dans quelques eaux que ce soit.

Sir JOHN THOMPSON propose de substituer aux mots: *à l'aide de pagaies ou d'avirons,* les mots: *à l'aide de pagaies, d'avirons ou de voiles.*

La modification demandée est adoptée par le Tribunal, le Juge HARLAN et le Sénateur MORGAN votant contre.

Sir JOHN THOMPSON propose de substituer aux mots: *manœuvrées chacune par deux personnes au plus,* les mots: *manœuvrées chacune par cinq personnes au plus.*

Cet amendement est voté par une majorité formée du Baron DE COURCEL, de Lord HANNEN, de Sir JOHN THOMPSON, du Marquis VISCONTI VENOSTA et de M. GREGERS GRAM.

Le Juge HARLAN et le Sénateur MORGAN votent contre.

Le Juge HARLAN propose, à titre de transaction, de substituer aux mots: *cinq personnes,* les mots: *trois personnes.*

Cette modification, combattue par Sir JOHN THOMPSON, est repoussée par la même majorité qui avait voté l'amendement.

Sir JOHN THOMPSON propose de substituer aux mots: *de la manière autrefois usitée,* les mots: *de la manière jusqu'à présent usitée.*

Cet amendement, combattu par le Juge HARLAN et le Sénateur MORGAN, est voté par la majorité formée de tous les autres Arbitres.

Sir JOHN THOMPSON propose d'ajouter au texte dont le Tribunal est saisi, un paragraphe ainsi conçu:

« Aucune des dispositions qui précèdent n'a pour objet de s'opposer « à ce que les Indiens soient employés, comme chasseurs ou à tout autre « titre, ainsi qu'ils l'ont été jusqu'à présent, sur des navires se livrant à « la poursuite des phoques à fourrure. »

Cette addition est adoptée à l'unanimité.

Le Sénateur MORGAN propose d'ajouter à la fin du second paragraphe de l'Article 8, après les mots: *ni aux eaux des passes Aléoutiennes,* les mots suivants: *et elle ne sera pas applicable au profit des Indiens dont il est question, antérieurement au 1er janvier 1895.*

Cette proposition, appuyée par le Juge HARLAN, est repoussée par la majorité des Arbitres, formée du Baron de COURCEL, de Lord HANNEN, de Sir JOHN THOMPSON, du Marquis VISCONTI VENOSTA et de M. GREGERS GRAM.

En ce qui concerne l'Article 9, Sir JOHN THOMPSON propose de substituer au texte du projet actuellement examiné par les Arbitres le texte qui figurait à l'Article 6 du projet de Règlements présenté par lui-même, et qui réservait aux deux Gouvernements de la Grande-Bretagne et des États-Unis la faculté de dénoncer les Règlements à intervenir au bout d'une période de dix ans, puis d'année en année.

Après délibération, les Arbitres, autres que Sir JOHN THOMPSON, décident de repousser cette motion et passent à l'examen du texte de l'Article 9, présenté par le Baron DE COURCEL, le Marquis VISCONTI VENOSTA et M. GREGERS GRAM.

Ce texte est voté par tous les Arbitres, à l'exception de Sir JOHN THOMPSON, qui vote contre.

Le Tribunal, ayant ainsi arrêté la teneur de chacun des Articles destinés à figurer dans les Règlements préparés en exécution de l'Article VII du Traité du 29 février 1892, décide de passer au vote sur l'ensemble des neuf Articles de ces Règlements.

L'ensemble des Règlements, ainsi amendés, est voté par le Baron DE COURCEL, Lord HANNEN, le Marquis VISCONTI VENOSTA et M. GREGERS GRAM.

Sir JOHN THOMPSON, le Juge HARLAN et le Sénateur MORGAN votent contre les Règlements pris dans leur ensemble bien qu'ils en approuvent certaines parties.

L'ensemble des Règlements est ainsi adopté à la majorité des Arbitres, et le Tribunal décide d'en incorporer le texte dans sa Sentence, en le faisant précéder de l'énonciation suivante :

« Et attendu que les décisions ci-dessus relatées, sur les questions con-
« cernant la juridiction exclusive des États-Unis mentionnées dans l'Ar-
« ticle VI, laissent les choses en état tel que le concours de la Grande-
« Bretagne est nécessaire pour l'établissement de Règlements en vue de
« la protection et de la préservation convenables des phoques à four-
« rure habitant ou fréquentant la mer de Behring, le Tribunal ayant
« décidé, à la majorité absolue des voix, sur chacun des Articles des Rè-
« glements qui suivent, Nous, Arbitres susnommés, le Baron DE COUR-
« CEL, Lord HANNEN, le Marquis VISCONTI VENOSTA et M. GREGERS GRAM,
« donnant notre assentiment à l'ensemble des Articles des Règlements
« qui suivent, et constituant la majorité absolue des Arbitres, décidons

« et prononçons, d'après le mode prescrit par le Traité, que les Règle-
« ments communs qui suivent, applicables en dehors des limites de la
« juridiction des Gouvernements respectifs, sont nécessaires et qu'ils
« doivent s'étendre sur les eaux ci-après déterminées. »

Les Arbitres procèdent à l'examen d'un projet de Déclarations se
rattachant aux Règlements, et que le Baron DE COURCEL, en son nom
comme au nom du Marquis VISCONTI VENOSTA et de M. GREGERS GRAM,
propose au Tribunal de présenter aux Gouvernements des États-Unis
et de la Grande-Bretagne, pour être par eux pris en considération. Ce
projet est ainsi formulé :

**«Déclarations faites par le Tribunal d'Arbitrage, et présentées aux
«Gouvernements des États-Unis et de la Grande-Bretagne, pour être
«prises en considération par ces Gouvernements.»**

I

« Les Arbitres déclarent que les Règlements communs tels qu'ils sont
« établis par le Tribunal d'Arbitrage, en vertu de l'Article VII du Traité
« du 29 février 1892, n'étant applicables que sur la haute mer, devront,
« dans leur pensée, être complétés par d'autres Règlements applicables
« dans les limites de la souveraineté de chacune des deux Puissances
« intéressées et qui devront être fixés par elles d'un commun accord.

II

« Vu l'état critique auquel il paraît constant que la race des phoques
« à fourrure se trouve actuellement réduite par suite de circonstances
« incomplètement éclaircies, les Arbitres croient devoir recommander
« aux deux Gouvernements de se concerter en vue d'interdire toute
« destruction des phoques à fourrure, tant sur terre que sur mer, pen-
« dant une période de deux ou trois ans, ou d'une année au moins,
« sauf telles exceptions que les deux Gouvernements pourraient trouver
« à propos d'admettre.

« Si cette mesure donnait de bons résultats, elle pourrait être
« appliquée de nouveau, à certains intervalles, suivant les circonstances.

III

« Les Arbitres déclarent en outre, que dans leur pensée, l'exécution
« des Règlements établis par le Tribunal d'Arbitrage devra être assurée

« par un ensemble de stipulations et de mesures qu'il appartiendra aux
« deux Puissances d'arrêter, et que le Tribunal doit s'en remettre en
« conséquence à ces deux Puissances pour rendre effectifs les Règle-
« ments établis par lui.

« Fait et signé à Paris, le   août 1893. »

La première et la troisième des Déclarations proposées sont adoptées,
à l'unanimité, sans modification.

Pour ce qui concerne la seconde, Lord HANNEN, tout en approuvant
l'esprit dans lequel elle est conçue, et tout en regardant comme très
désirable que la destruction des phoques à fourrure puisse être entiè-
rement suspendue pendant une certaine période de temps, afin de per-
mettre à la nature de réparer les pertes que cette race d'animaux a
subies, déclare qu'il ne se considère pas comme autorisé par les termes
de son mandat, à émettre une opinion sur ce sujet.

Sir JOHN THOMPSON partage la manière de voir de Lord HANNEN.

Les autres Arbitres adoptent la seconde Déclaration, et il est
décidé que le texte des trois Déclarations sera remis, en même temps
que la Sentence Arbitrale, mais dans un document séparé, aux Agents
des deux Gouvernements des États-Unis d'Amérique et de la Grande-
Bretagne, pour être par eux transmis à leurs Gouvernements respectifs.

Passant ensuite à l'examen des questions de fait qui lui ont été défé-
rées par le Gouvernement Britannique, en vertu de l'Article VIII du
Traité du 29 février 1892, le Tribunal constate que l'Agent et les
Conseils du Gouvernement des États-Unis ont reconnu que l'exposé
de faits présenté par l'Agent du Gouvernement de la Grande-Bretagne
était confirmé par les dépositions des témoins, et ont déclaré s'être
mis d'accord avec l'Agent et les Conseils du Gouvernement de la
Grande-Bretagne pour s'en remettre au Tribunal de dire et prononcer
véritable, en tant qu'il le jugerait à propos, ledit exposé de faits.

Les Arbitres, après avoir délibéré en conséquence sur les faits soumis
au Tribunal, décident à l'unanimité que lesdits faits, tels qu'ils se trouvent relatés dans l'exposé susmentionné, sont véritables.

Les Arbitres procèdent à la rédaction définitive de la Sentence Arbitrale, afin de la mettre d'accord avec chacune des décisions prises à la
majorité absolue des voix sur chacune des questions soumises au Tri-

bunal, en prenant pour base de cette rédaction, comme il avait été convenu, le formulaire préparé par Lord HANNEN.

Il est expressément entendu que les Arbitres qui se sont trouvés en minorité sur certaines questions ne doivent pas être considérés comme retirant leurs votes. Sous cette réserve, le texte définitif de la Sentence est fixé et arrêté par l'unanimité des Arbitres, dans la forme de l'Acte annexé au présent Protocole [1].

Le Tribunal décide, à l'unanimité des voix, que, conformément aux prescriptions du Traité du 29 février 1892, deux exemplaires de la Sentence seront dressés et signés pour être remis aux deux Agents des États-Unis d'Amérique et de la Grande-Bretagne, et qu'un troisième exemplaire sera également dressé et signé pour être déposé aux archives de l'Arbitrage, lesquelles demeureront confiées au Gouvernement français.

Une décision semblable est adoptée pour ce qui concerne les Déclarations [2].

Le Juge HARLAN présente la motion suivante qui e. adoptée à l'unanimité par les Arbitres :

« Le droit est réservé à chaque Arbitre de déposer entre les mains du « Secrétaire du Tribunal Arbitral, à quelque date que ce soit après la « fin des séances dudit Tribunal et avant le 1er janvier 1894, un ou « plusieurs mémoires écrits, contenant son opinion sur l'une ou plu- « sieurs des questions qui ont été soumises à la décision du Tribunal « Arbitral. Les mémoires dont il s'agit seront considérés comme annexes « du présent Protocole. »

Le Tribunal décide de se réunir le mardi 15 août à 10 heures du matin, à portes closes, pour la signature de la Sentence et des Décla- rations, et immédiatement après, en séance publique, pour la remise de la Sentence et des Déclarations aux Agents des deux Gouvernements.

Ainsi fait à Paris, le 14 août 1893, et ont signé :

Le Président : ALPH. DE COURCEL.

Le Secrétaire : A. IMBERT.

---

[1] Voir la *Sentence*, page 1.
[2] Voir les *Déclarations*, page 31.

ENGLISH VERSION.

PROTOCOL LIV.

MEETINGS FROM JULY 10ᵗʰ TO AUGUST 14ᵗʰ 1893.

The Tribunal of Arbitration assembled with closed doors, all the Arbitrators being present, on Monday July 10ᵗʰ 1893 and deliberated during successive meetings until Monday August 14ᵗʰ inclusive upon the questions submitted to its decision.

During these deliberations Lord HANNEN presented the following motion:

That the Award of this Tribunal be given in the form following:

Whereas by a Treaty between the United States of America and Great Britain signed at Washington, February 29, 1892, the ratifications of which by the Governments of the two countries were exchanged at London on May the 7ᵗʰ, 1892, it was, amongst other things, agreed and concluded, that the questions which had arisen between the Government of the United States of America and the Government of Her Britannic Majesty, concerning the jurisdictional rights of the United States in the waters of Behring's Sea, and concerning also the preservation of the fur-seal in or habitually resorting to the said sea, and the rights of the citizens and subjects of either country as regards the taking of fur-seals in or habitually resorting to the said waters, should be submitted to a Tribunal of Arbitration to be composed of seven Arbitrators, who should be appointed in the following manner, that is to say, two should be named by the President of the United States; two should be named by Her Britannic Majesty; His Excellency the President of the French Republic should be jointly requested by the High Contracting Parties to name one; His Majesty the King of Italy should be so requested to name one; His Majesty the King of Sweden and Norway should be so requested to name one; the seven Arbitrators to be so named should be jurists of distinguished reputation in their respective countries, and the selecting Powers should be requested to choose, if possible, jurists who are acquainted with the English language;

And whereas it was further agreed by Article II of the said Treaty that the Arbitrators should meet at Paris within twenty days after the delivery of the Counter-Cases mentioned in Article IV, and should proceed impartially and carefully to examine and decide the questions which had been or should be laid before them as in the said Treaty provided on the part of the Governments of the United States and of Her Britannic Majesty respectively, and that all questions considered by the Tribunal, including the final decision, should be determined by a majority of all the Arbitrators;

And whereas by Article VI of the said Treaty, it was further provided as follows : « In deciding the matters submitted to the said Arbitrators, it is agreed that the follow- « ing five points shall be submitted to them in order that their award shall embrace « a distinct decision upon each of said five points, to wit :

« 1. What exclusive jurisdiction in the sea now known as the Behring's Sea, and « what exclusive rights in the seal fisheries therein, did Russia assert and exercise « prior and up to the time of the cession of Alaska to the United States ?

« 2. How far were these claims of jurisdiction as to the seal fisheries recognized and « conceded by Great Britain ?

« 3. Was the body of water now known as the Behring's Sea, included in the phrase « *Pacific Ocean*, as used in the Treaty of 1825 between Great Britain and Russia; and « what rights, if any, in the Behring's Sea, were held and exclusively exercised by « Russia after said Treaty ?

« 4. Did not all the rights of Russia as to jurisdiction and as to the seal fisheries « in Behring's Sea, East of the water boundary in the Treaty between the United « States and Russia of the 30th of March 1867, pass unimpaired to the United States « under that Treaty ?

« 5. Has the United States any right, and, if so, what right of protection or pro- « perty in the fur-seals frequenting the islands of the United States in Behring's Sea, « when such seals are found outside the ordinary 3-mile limit ? »

And whereas, by Article VII of the said Treaty, it was further agreed as follows:

« If the determination of the foregoing questions, as to the exclusive jurisdiction « of the United States, shall leave the subject in such position that the concurrence « of Great Britain is necessary to the establishment of Regulations for the proper « protection and preservation of the fur-seal in or habitually resorting to the Behring's « Sea, the Arbitrators shall then determine what concurrent Regulations, outside the « jurisdictional limits of the respective Governments, are necessary, and over what « waters such Regulations should extend;

« The High Contracting Parties furthermore agree to cooperate in securing the « adhesion of other Powers to such Regulations. »

And whereas, by Article VIII, of the said Treaty, after reciting that the High Con- tracting Parties had found themselves unable to agree upon a reference which should include the question of the liability of each for the injuries alleged to have been sustained by the other or by its citizens, in connection with the claims presented and urged by it, and that « they were solicitous that this subordinate question should « not interrupt or longer delay the submission and determination of the main ques- « tions », the High Contracting Parties agreed that « either of them might submit to « the Arbitrators any question of fact involved in said claims and ask for a finding « thereon, the question of the liability of either Government upon the facts found to « be the subject of further negotiation »; .

And whereas the President of the United States of America named the Honourable

John M. Harlan, Justice of the Su,reme Court of the United States, and the Honourable John T. Morgan, Senator of the United States, to be two of the said Arbitrators, and Her Britannic Majesty named The Right Honourable Lord Hannen and Sir John Thompson, Minister of Justice and Attorney general for Canada, to be two of the said Arbitrators, and His Excellency the President of the French Re,ublic named the Baron Alphonse de Courcel, Senator, Ambassador of France, to be one of the said Arbitrators, and His Majesty the King of Italy named the Marquis Emilio Visconti Venosta, former Minister of Foreign Affairs and Senator of the Kingdom of Italy, to be one of the said Arbitrators, and His Majesty the King of Sweden and Norway named Mr. Gregers Gram, Minister of State, to be one of the said Arbitrators;

And whereas We, the said Arbitrators, so named and a,,ointed, having taken u,on ourselves the burden of the said Arbitration, and having duly met at Paris, ,roceeded im,artially and carefully to examine and decide all the questions submitted to us the said Arbitrators under the said Treaty or laid before us as ,rovided in the said Treaty on the ,art of the Governments of Her Britannic Majesty and the United States res,ectively.

Now We, the said Arbitrators, having im,artially and carefully examined the said questions, do in like manner by this our Award decide and determine the said questions in manner following, that is to say, we decide and determine as to the five ,oints mentioned in Article VI as to which our Award is to embrace a distinct decision u,on each of them :

As to the first of the said five ,oints, We, the said Arbitrators, do decide and determine. . . ...

As to the second of the said five ,oints, We, the said Arbitrators, do decide and determine. . . . . .

As to the third of the said five ,oints, We, the said Arbirtators, do decide and determine. . . . . .

As to the fourth of the said five ,oints, We, the said Arbitrators, do decide and determine. . . . . .

As to the fifth of the said five ,oints, We, the said Arbitrators, do decide and determine. . . . . .

And whereas the aforesaid determination of the foregoing questions as to the exclusive jurisdiction of the United States mentioned in Article VI, leaves the subject in such a ,osition that the concurrence of Great Britain is necessary to the establishment of Regulations for the ,ro,er ,rotection and ,reservation of the fur-seal in or habitually resorting to the Behring Sea, We, the said Arbitrators, do thereu,on determine that the following concurrent Regulations outside the jurisdictional limits of the res,ective Governments are necessary and that they should extend over the waters hereinafter mentioned. That is to say . . . .

And whereas the Government of Her Britannic Majesty did submit to the Tribunal of Arbitration under Article VIII of the said Treaty certain questions of fact involved in the claims referred to in the said Article VIII and did also submit to us, the said Tribunal, a statement of the said facts, as follows, that is to say.........

We, the said Arbitrators, do decide and determine...........

And whereas each and every question which has been considered by the Tribunal has been determined by a majority of all the Arbitrators;

Now We do declare this to be the final Decision and Award in writing of this Tribunal, in accordance with the Treaty.

Made in duplicate at Paris, and signed by Us, the.......... day .... in the year 1893.

After an exchange of views between the Arbitrators, it was agreed that the form prepared by Lord Hannen be adopted as a basis for the wording of the Award.

The preamble of this form having been unanimously voted, without modification, the Arbitrators passed to the consideration of the five points mentioned in Article VI of the Treaty of February 29th 1892.

As to the first point, relating to the rights exercised or claimed by Russia in Behring Sea, the Arbitrators recognize that a distinction must be made between different periods.

After some discussion as to the events which preceded the Ukase of 1821, it was decided that these might be left aside, as not being material to the decision of the questions submitted to the Tribunal.

In consequence Baron DE COURCEL presented the following project of decision :

« By the Ukase of 1821, Russia claimed jurisdiction in the sea now known
« as the Behring's Sea, to the extent of 100 Italian miles from the coasts and
« islands belonging to her, but, in the course of the negotiations which led to
« the conclusion of the Treaties of 1824 with the United States and of 1825
« with Great Britain, Russia admitted that her jurisdiction in the said sea should
« be restricted to the reach of cannon shot from shore, and it appears that
« from that time up to the time of the cession of Alaska to the United States,
« Russia never asserted in fact or exercised any exclusive jurisdiction in Behring's
« Sea or any exclusive rights in the seal fisheries therein beyond the ordinary
« limit of territorial waters. »

This was adopted by a majority composed of Baron DE COURCEL, Mr Justice HARLAN, Lord HANNEN, Sir JOHN THOMPSON, Marquis VISCONTI VENOSTA and Mr GREGERS GRAM. Senator MORGAN voted against it, reserving unto himself to propose an amendment, when the second point would have been considered.

As to the second of the said five points mentioned in Article VI, the following decision was adopted by a majority composed of the Baron DE COURCEL, Mr Justice HARLAN, Lord HANNEN, Sir JOHN THOMPSON, Marquis VISCONTI VENOSTA, and Mr GREGERS GRAM:

« Great Britain did not recognize or concede any claim, upon the part of « Russia, to exclusive jurisdiction as to the seal fisheries in Behring Sea, out- « side of ordinary territorial waters. »

Senator MORGAN voted against and presented the following motion as a substitute for the decisions as to the two first points:

« 1. From the time that Russia first discovered and occupied Behring Sea « and the coasts and islands thereof, until she ceded a portion thereof to the « United States, she claimed the seal fisheries in Behring Sea and exercised, « exclusively, the right to the usufruct, and to own the product of such seal « fisheries, and to protect the same against being interfered with, in those « waters, by the people of any other country; and also the exclusive juris- « diction that was found necessary for those purposes; and, also, the exclusive « jurisdiction to regulate the hunting of fur-seals in those waters; and to grant « the right of hunting them, to her own subjects.

« 2. The attitude of Russia towards the fur-seal fisheries in Behring Sea, as « described above, being known to Great Britain, she acquiesced in the same « without objection. »

This motion was negatived by all the Arbitrators, except Senator MORGAN.

As to the third of the said five points mentioned in Article VI, it was agreed that the two questions therein contained, should be considered separately.

On the first of these questions the following decision was unanimously adopted:

« The body of water now known as the Behring Sea was included in the « phrase *Pacific Ocean* as used in the Treaty of 1825 between Great Britain « and Russia. »

On the second of these questions the following decision was adopted by a majority composed of Baron DE COURCEL, Mr. Justice HARLAN, Lord HANNEN, Sir JOHN THOMPSON, Marquis VISCONTI VENOSTA and Mr. GREGERS GRAM, Senator MORGAN voting in the negative:

« No exclusive rights of jurisdiction in Behring Sea and no exclusive rights « as to seal fisheries therein, were held or exercised by Russia outside of or- « dinary territorial waters after the Treaty of 1825. »

Baron DE COURCEL remarked that in adhering to the decision which had just been adopted, his intention is to state the position held by Russia in the Behring Sea only in as far as it has been presented for the consideration of the Tribunal of Arbitration by the two Governments who have constituted the said Tribunal, and that he by no means intends to prejudge the appreciation made by Russia herself, as that Power has not been heard by the Tribunal, nor placed in such a situation as to make her views known to the same.

As to the fourth of the said five points mentioned in Article VI, the following decision was proposed by lord HANNEN:

« That all the rights of Russia as to jurisdiction and as to the seal fisheries « in Behring Sea, East of the water boundary in the Treaty between the Uni- « ted States and Russia of the 30ᵗʰ March 1867, did pass unimpaired to the « United States under the said Treaty. »

This proposition was unanimously adopted.

As to the fifth of the said five points mentioned in Article VI, the following decision was proposed by lord HANNEN:

« The United States has not any right of protection or property in the fur- « seals frequenting the islands of the United States in Behring Sea, when such « seals are found outside the ordinary three-mile limit. »

This proposition was adopted by a majority composed of Baron DE COURCEL, Lord HANNEN, Sir JOHN THOMPSON, Marquis VISCONTI VENOSTA and Mr. GREGERS GRAM. Mr. Justice HARLAN and Senator MORGAN voted in the negative, and stated that in their opinion the United States owned the herd of seals which frequented the islands of the United States in Behring Sea and were entitled to employ for their protection, when found outside the ordinary three-mile limit, the same means that an individual might legally employ for the protection of his property. They also stated that in their opinion, independently of any right of property in the fur-seals themselves, the United States, as the owner and proprietor of the industry conducted on the Pribilov Islands, and which industry consisted in taking fur-seals on those islands for commercial purposes, had the right to protect these animals against being taken in the open waters of Behring Sea and the North Pacific Ocean outside of territorial waters, by any method, such as pelagic sealing, which would necessarily exterminate the race.

Senator MORGAN thereupon submitted the following motion:

« I propose to amend the proposed Award and Decree by inserting, after the « words not any, the word special, and at the end of the proposed Award and « Decree, the following words « beyond the rights that all nations have under the « international law, in respect of self protection and self defense. »

« So that the entire Award as to point five in Article VI of the Treaty, would
« read as follows, viz.: *As to the fifth of the said points, We, being a majority of the*
« *said Arbitrators, do decide and determine that the United States has not any spe-*
« *cial right of protection or property in the fur-seals frequenting the islands of the*
« *United States in Behring Sea, when such seals are found outside the ordinary three-*
« *mile limit, beyond the rights that all nations have, under the international law, in*
« *respect of self protection and self defense.* »

Mr. Justice HARLAN and Senator MORGAN voted in favor of this amendment,
stating that as their views, as above set forth, upon the question of property and
protection, were not accepted by the majority, they would prefer the answer to
the fifth point to be in the words indicated by the last amendment proposed
by Senator Morgan, rather than in the words approved by the majority.

Lord HANNEN, Sir JOHN THOMPSON, Marquis VISCONTI VENOSTA and Mr. GREGERS
GRAM voted against the proposed amendment.

Baron DE COURCEL abstained from voting.

In consequence the amendment proposed by Senator MORGAN was rejected.

Mr. GREGERS GRAM here expressed the desire that it be well understood that
the Tribunal, in answering as it has done the foregoing questions, did not
propose to decide what are, according to the principles of international law,
the ordinary limits of territorial waters.

The Arbitrators concur that they do not feel themselves called on to decide
what, according to the principles of international law, are the ordinary limits
of territorial waters.

Those limits have been assumed for the purposes of the Award to be
three miles from the coast in accordance with the wording of the fifth question of Article VI of the Treaty.

Senator MORGAN here asked that the following motion be taken into consideration :

« I move that the Tribunal of Arbitration proceed in such order as may be
« proper, before a final Award is made in the case, to consider and declare the
« rights of the citizens and subjects of either country as regards the taking of
« fur-seal in, or resorting to, the waters of Bering Sea.

« This inquiry and decision includes the entire herd that resorts, habitually,
« in the summer and autumn, to the islands of St-Paul and St-George in Bering
« Sea.

« The answers given to the five points stated in Article VI of the Treaty, do
« not, in my judgement, answer the question above stated, which the Treaty
« provides, shall be submitted to the Tribunal of Arbitration; and, an Award

« that does not specifically answer that question cannot be « a full, perfect, and
« final settlement of all the questions referred to the Arbitration ».

« I would proceed to point out the grounds and reasons on which I base this
« motion, but I am aware that, in the opinions delivered by a majority of the
« Arbitrators, they consider either that this question is not required by the
« Treaty to be specifically answered, or that it has been answered, in effect, by
« a decision of a majority of the Tribunal upon the fifth point stated in Article VI
« of the Treaty, under which the Tribunal is acting. »

This motion gave rise to a debate.

Mr. Justice HARLAN and Senator MORGAN voted for its adoption.

Baron DE COURCEL, Lord HANNEN, Sir JOHN THOMPSON, Marquis VISCONTI
VENOSTA, and Mr. GREGERS GRAM, constituting a majority of the Arbitrators,
considered that the answers to all the questions referred to in Article I of the
said Treaty, are to be found in the decisions which have been rendered upon
the five points mentioned in Article VI, and voted against this motion.

In consequence, the motion was rejected.

The Arbitrators, having reached this point of their deliberations, concurred
in holding that the decisions rendered by them on the questions as to the exclusive jurisdiction of the United States, mentioned in Article VI of the Treaty,
« leave the subject in such position that the concurrence of Great Britain is
« necessary to the establishement of Regulations for the proper protection and
« preservation of the fur-seal in, or habitually resorting to, the Behring Sea. »

In consequence they decided to pass to the consideration of the concurrent
Regulations called for by Article VII of the Treaty.

Mr. Justice HARLAN presented the following draft of resolution :

« Resolved, that the purpose of Article VII of the Treaty is to secure in any
« and all events, the proper protection and preservation of the herd of seals
« frequenting the Pribilov Islands; and in the framing of Regulations, under the
« Treaty, no extent of pelagic sealing should be allowed which will seriously
« endanger the accomplishment of that end. »

Senator MORGAN and Mr. Justice HARLAN voted for the adoption of this resolution.

Lord HANNEN and Mr. GREGERS GRAM declared that they abstained from
voting because they found the proposition submitted to be of too abstract a
character.

Sir JOHN THOMPSON declined to vote, on the following, among other grounds :
« that the Treaty does not give power to the Tribunal to make the provisions

« which may be necessary *in any and all events* for the preservation of the seals,
« notably as to the preservation of the seals on their breeding grounds. »

Marquis VISCONTI VENOSTA voted against the proposition.

He remarked that, in order to secure the preservation of the fur-seals, the
Regulations ought to provide a system of enactments applicable to the whole
area, where, on land as well as at sea, is developed the life of the seals resorting to Behring Sea, and to be equally accepted by all nations, the citizens of
which might compete in pelagic sealing. Such Regulations however, would go
beyond the powers of the Tribunal, as defined by the Treaty.

The responsibility of the Arbitrators as to the result of their labours was
necessarily bounded by the limits of their mandate : they might simply prescribe
such measures as they would judge consistent with the circumstances and with
the decisions which they might have taken on the questions of right, and express
the wish that these Regulations receive their necessary complement within the
limits of the territorial jurisdiction of the two countries and that they become
the object of an understanding with the other nations.

Baron DE COURCEL voted against the proposition because he looked upon it,
as did Lord HANNEN and Mr. GREGERS GRAM, as being too abstract and also,
because in his opinion, the Treaty, when it prescribed the establishment of
Regulations for the *proper* protection and preservation of the fur-seals, intended
that given circumstances should be taken into account; his view was that the
preservation of this species of animals should be regulated, not in the absolute
interest of the species, but in the interest of the human industries of which it
is the object, without the Tribunal having to distinguish between the nature
of these different industries, whether they be exercised on land, or whether
they be engaged upon at sea, and without it having to favor one to the detriment
of the other.

In consequence the resolution offered by Mr. Justice HARLAN was rejected.

Mr. Justice HARLAN then presented the following motion :

« This Tribunal has power, and it is its duty, under the Treaty, to pres-
« cribe such concurrent Regulations, covering the waters, outside the jurisdic-
« tional limits of the two countries, of both Behring Sea and the North Pacific
« Ocean, traversed by the fur-seals in, or habitually resorting to, Behring Sea,
« as may be found necessary for the proper protection and preservation of such
« seals, even if such Regulations, when sanctioned by legislation of the two Go-
« vernments, should, by reason of their express provisions, or by their practical
« operation, result in preventing the hunting and taking of these seals during
« the seasons when the condition of said waters admits of fur-seals being taken
« by pelagic sealers. »

Senator MORGAN and Mr. Justice HARLAN voted in favour of this motion.

Lord Hannen declined to vote on the ground, amongst others, that the Arbitrators are not called on to vote on abstract questions apart from the facts as to which their decision is to be given.

Sir John Thompson declined to vote, for the following among other reasons :

« That the views of the several Arbitrators on this and other abstract ques-« tions relating to Regulations, have been better ex,ressed during the delibera-« tions of the ,ast weeks than in the form of the ,resent resolution. »

Mr. Gram abstained from voting on the ground that the resolution ,ro,osed will have for him no ,ractical value, as his vote on Regulations will not in any way be affected by such question.

Marquis Visconti Venosta likewise abstained from voting.

He believed that the Treaty, in its Article VII, had in view the restriction and not the ,rohibition of the exercise of the right of ,elagic sealing on the high sea. He was dis,osed to vote for efficacious measures in order to prevent what might be essentially destructive for the s,ecies in this fishing. But after having recognized the right, he did not feel authorized, by the interpretation of the Treaty, to su,,ress it ,ractically, either by an absolute prohibition or by measures which would be equivalent thereto.

Baron de Courcel might agree to the ,rinci,le expressed in the motion, but declined to vote u,on it as being ,urely abstract.

The motion was in consequence not ado,ted.

The Tribunal then ,roceeded to the drafting of the text of the Concurrent Regulations which it was charged to determine by virtue of Article VII of the Treaty.

Mr. Justice Harlan submitted the following draft, of which Senator Morgan ex,ressed his a,,roval :

' « Article I. No citizen or subject of the United States or Great Britain « shall in any 'manner kill, ca,ture or ,ursue anywhere u,on the seas, « within the limits and boundaries next hereinafter ,rescribed for the o,eration « of this regulation, any of the animals commonly called fur-seals.

« Art. 2. The foregoing regulation shall a,,ly to and extend over all « those waters, outside the jurisdictional limits of the above-mentioned nations, « of the North Pacific Ocean and Bering Sea which are North of the thirty-« fifth parallel of North latitude and East of the one hundred and eightieth « meridian of longitude from Greenwich.

« Art. 3. Every vessel or ,erson offending against these regulations may

« be seized and detained by the naval or duly commissioned officers of either
« the United States or Great Britain, but they shall be handed over as soon
« as practicable to the authorities of the Nation to which they respectively
« belong, who alone shall have jurisdiction to try the offense and impose
« penalties for the same. The witnesses and proof necessary to establish the
« offense or to disprove the same found on the vessel shall also be sent with
« them.

« ART. 4. Every person guilty of violating these regulations shall, for each
« offense, be fined not less than 200 nor more than 1,000 dollars, or im-
« prisoned not more than six months, or both; and vessels, their tackle,
« apparel, furniture, and cargo, found engaged in violating these regulations
« shall be forfeited and condemned. »

Sir John Thompson submitted the following draft :

« ARTICLE. 1. No sealing except by licenses which are to be issued at
« two United States and two Canadian ports on the Pacific coast.

« These licenses to be granted only to sailing vessels, and not to be granted
« earlier than a date that would correspond with the 1st of May in the lati-
« tude of Victoria, B. C.

« ART. 2. Each vessel carrying such license to use a distinctive flag and
« to keep a record in the official log of the number of seals killed or wounded,
« and the locality in which the hunting takes place, from day to day, all such
« entries to be filed with the collectors of customs on the return of the
« vessels.

« ART. 3. The use of rifles and nets in seal fishing is prohibited.

« ART. 4. The killing of seals to be prohibited within a zone of thirty
« miles from the Pribylov Islands, and within a zone of ten miles around the
« Aleutian Islands.

« ART. 5. The killing of seals to be prohibited in Behring Sea (East of the
« line of demarcation adopted in the Treaty of cession from Russia to the
« United States) before the 1st of July and after the 1st of October in each
« year.

« ART. 6. The foregoing Regulations shall be brought into force from and
« after a day to be agreed upon by Great Britain and the United States, and
« shall continue in operation for ten years from the above day; and, unless
« Great Britain or the United States shall, twelve months before the expiration
« of the said period of ten years, give notice of intention to terminate their
« operation, shall continue in force one year longer, and so on from year to
« year. »

Senator Morgan submitted the following paper:

« I adhere to the position taken by the United States, that pelagic sealing should be prohibited North of 35 degrees North latitude, and, in order to make no interference with any question that may concern the substantial interest of Russia, East of 180 degrees of longitude from Greenwich.

« I believe that this is the only really effective method of protecting and preserving these seals; but, if the Tribunal shall prefer the plan of protection and preservation that has for its basis a close season, I respectfully insist, that the use of fire-arms and explosives, in such hunting, should be prohibited under effective penalties, as well for the necessary protection and preservation of the seals, as for the protection of human life and the preservation of peace, for, joint hunting, or the hunting in a common right, and in the same waters, of these valuable animals, will produce conflicts and bloodshed, and may result in international conflict, once the use of fire-arms is sanctioned by the laws that are to be enacted by these two Governments to carry the Award of the Tribunal into effect. There is no possible restraint or limit that can be placed on their destructive use; this is a doom of the seals; that is as certain as that the genius of man, in killing the seals, is almost infinitely superior to the instinct of self preservation in the seal, and to its capacity to escape the pursuit of men in boats, armed with the breech-loading double barrelled shot-guns, with cylinder cartridges. »

Baron DE COURCEL, Marquis VISCONTI VENOSTA and Mr. GREGERS GRAM having, with the assent of their Colleagues, prepared a draft of concurrent Regulations intended to be submitted to the Tribunal, presented, in their collective names, the draft of which the text is as follows:

« ARTICLE 1. The Governments of the United States and of Great Britain shall forbid their citizens and subjects respectively to kill, capture or pursue at any time and in any manner whatever, the animals commonly called fur-seals, within a zone of 60 miles around the Pribylov Islands, inclusive of the territorial waters.

« The miles mentioned in the preceding paragraph are geographical miles, of 60 to a degree of latitude.

« ART. 2. The two Governments shall forbid their citizens and subjects respectively to kill, capture or pursue, in any manner whatever, during the season extending each year from the 15th of April to the 31st of July, both inclusive, the fur-seals on the high sea in the part of the Pacific Ocean, inclusive of the Behring's Sea, which is situated to the North of the 35th degree of North latitude.

« ART. 3. During the period of time and in the waters in which the fur-seal

« fishing is allowed only sailing vessels shall be permitted to carry on or take
« part in fur-seal fishing operations. They will however be at liberty to avail
« themselves of the use of canoes or small boats, propelled wholly by oars.

« ART. 4. The sailing vessels authorized to fish for fur-seals must be provided
« with a special licence issued for that purpose by its Government and shall be
« required to carry a distinguishing flag to be prescribed by its Government.

« ART. 5. The masters of the vessels engaged in fur-seal fishing shall enter
« accurately in their official log book the date and place of each fur-seal fishing
« operation, and also the number and sex of the seals captured, upon each
« day. These entries shall be communicated by each of the two Governments to
« the other at the end of each fishing season.

« ART. 6. The use of nets, fire arms and explosives shall be forbidden in the
« fur-seal fishing. This restriction shall not apply to shot guns when such
« fishing takes place outside of Behring's Sea.

« ART. 7. The two Governments shall take measures to control the fitness of
« the men authorized to engage in fur-seal fishing; these men shall have been
« proved fit to handle with sufficient skill the weapons by means of which this
« fishing may be carried on.

« ART. 8. The Regulations contained in the preceding articles shall not apply
« to Indians dwelling on the coasts of the territory of the United States or of
« Great Britain, and carrying on in their canoes at a small distance from the
« coasts where they dwell, fur-seal fishing.

« ART. 9. The concurrent Regulations hereby determined with a view to the
« protection and preservation of the fur-seals, shall remain in force until they
« have been, in whole or in part, abolished or modified by common agreement
« between the Governments of the United States and of Great Britain.

« The said concurrent Regulations shall be submitted every five years to a
« new examination, so as to enable both interested Governments to consider
« whether, in the light of past experience, there is occasion for any modifica-
« tion thereof. »

Baron DE COURCEL developed, on behalf of his two colleagues and in his
name, the reasons in support of the preceding draft.

The Tribunal decided to take, as a basis of its deliberations upon the concurrent Regulations which it was required to prepare, the wording presented col-
lectively by Baron DE COURCEL, Marquis VISCONTI VENOSTA and Mr. GREGERS GRAM.

The Arbitrators then proceeded to consider Article 1 of this draft.

Sir JOHN THOMPSON moved, as an amendment, that the prohibited zone
around the Pribilov Islands be thirty miles including territorial waters.

This amendment was rejected by the vote of a majority composed of Baron
DE COURCEL, Mr. Justice HARLAN, Senator MORGAN, Marquis VISCONTI VENOSTA

and Mr. Gregers Gram. Lord Hannen declared that, after much hesitation, and although considering that serious reasons recommended the adoption of a zone of thirty miles, he adhered to the vote of the majority.

The text of Article First was adopted in conformity with the draft by all the Arbitrators with the exception of Sir John Thompson.

As to Article 2, Sir John Thompson moved the following amendment:

« That the date of April 15th mentioned in the draft be changed to May 1st », and stated at length his views in support of the amendment.

Mr. Justice Harlan and Senator Morgan voted against this amendment. They concurred in stating that the proper protection and preservation of the fur-seals could not be certainly secured except by a prohibition of pelagic sealing in all the waters, traversed by those animals North of 35° of North latitude, and East of 180° of longitude from Greenwich. But as the closed time from April 15th to July 31st in connection with other provisions gave some hope that this race might be saved from destruction by pelagic sealing, and as that period had been recommended by the Arbitrators from France, Italy and Norway, they had, in the interest of conciliation only, expressed their willingness to accept the closed time proposed by Baron de Courcel, Marquis Visconti Venosta and Mr. Gregers Gram in the original draft submitted by them. But they objected to the proposed change from April 15th to May 1st a one that would put in peril the existence of this race of animals, and tend to defeat its proper protection and preservation. The duty of the Tribunal, they said, was to prescribe such Regulations as would properly protect and preserve this race, whatever effect such Regulations might have upon the business of pelagic sealing.

The amendment presented by Sir John Thompson, was sustained by Lord Hannen, Marquis Visconti Venosta, and Mr. Gregers Gram.

Baron de Courcel declared that he seriously objected to an extension of the season open to pelagic sealing during the spring because it was during that season that pelagic sealing. attacking pregnant females, was most destructive; nevertheless he thought proper to vote for the amendment of Sir John Thompson in a spirit of conciliation and so as to secure in its general outlines, the adoption of the draft actually submitted to the consideration of the Arbitrators, and which he is not unaware imposes strict limitations upon the taking of fur-seals on the high sea.

In consequence the amendment of Sir John Thompson to insert the date of May 1st instead of that of April 15th in Article 2 was adopted.

Sir John Thompson then moved a second amendment worded as follows:

« That the words : *From May 1st to July 31st*, be struck out and replaced by « the words : *From January 1st to July 1st*.

Mr. Justice HARLAN and Senator MORGAN expressed themselves strongly against allowing pelagic sealing during the month of Ju'y and voted against the amendment.

Lord HANNEN abstained temporarily from expressing an opinion.

Marquis VISCONTI VENOSTA found it difficult to accept the date of July 1st. In case a majority of the Arbitrators adhered in principle to the amendment of Sir JOHN THOMPSON, he would ask that this date be replaced by that of July 15th. It was during the month of July that the work of reproduction of the seals took place, chiefly during the first fortnight of that month, during which many of the gravid females were still on the track between the passes of the Aleutian Islands and the Pribilov Group.

But, he said, the question of the close season was, according to his view, intimately connected with that of the prohibition of the use of fire arms.

The establishment of a closed season, extending from January to July, meant that practically there would be no pelagic sealing outside of Behring's Sea, and that the use of fire arms being, according to Artice VI of the project, prohibited in that sea, all pelagic sealing in future would only be allowed by means of spears or harpoons.

He had already had occasion to make known his point of view. He felt disposed to place serious limitations upon pelagic sealing, but he did not intend to suppress it, neither in principle nor in practice; neither openly, nor by indirect means. He did not think that the Tribunal could withdraw by the Regulations all that it had conceded by its decisions on the questions of right.

He did not possess sufficient information to form an opinion in regard to the pratical effect of the prohibition of fire arms and the exclusive use of spears and harpoons. If the prohibition in question had applied, as was proposed in the project, to one zone only of pelagic sealing, the consequences, whatever they might have been, would have affected but one portion of the fisheries; and in this way the prohibition would have been but a restriction. But if it was to be applied to all pelagic sealing, he could not foresee its consequences any longer, and under such conditions, he would be compelled to reserve his vote respecting the interdiction of the use of fire arms.

He would feel inclined rather to examine whether, in accepting a closed season from January 1st to July 15th, in place of the said prohibition, it would not be suitable to decide that, every three years, pelagic sealing be suspended for the period of a whole year. This would be only a restriction, the consequences of which he would feel prepared to appreciate, at least by comparison.

Mr. GRAM thought, like Marquis VISCONTI VENOSTA, that pelagic sealing on the high sea during the month of July would attack necessarily a great number of pregnant females and would in consequence be very prejudicial

On the other hand he wishes to declare that, guided by the considerations which he has laid before his Colleagues, he has come to a conviction that Regulations for the proper protection and preservation of fur-seals would remain without effect, unless they provide for the suppression of fire arms in so far as the fishing takes place in Behring Sea. He voted against the amendment proposed by Sir John Thompson.

Baron DE COURCEL declared that he was disposed to accept this amendment because he considered pelagic sealing in the spring as essentially detrimental to the preservation of the species of fur-seals; according to his notion, the close season, for fur-seal fishing, should extend until July 15th, at which time the total number of females, save some unimportant exceptions, had arrived at the Pribilov Islands, to deliver their young; but he would cheerfully make the sacrifice of the fifteen first days in July, to obtain the relinquishment of all pelagic sealing in the spring.

The second amendment of Sir John Thompson was consequently negatived by a majority of the Arbitrators.

Baron DE COURCEL then moved the following amendment as a compromise :
« That the words : *From May 1st to July 31st*, be replaced by the words: *From « January 1st to July 10th*. »

Sir John Thompson declared that as, in his opinion, the Tribunal did not possess sufficient information to determine whether the abandonment of the right to fur-seal fishing during the four months of winter and spring in which it was conceded by the regulation previously adopted, would be sufficiently compensated by the addition of the short season formed of the three last weeks of the month of July, he declined to assume any responsibility in regard to this and abstained from voting for the proposed amendment.

Lord HANNEN abstained for the same reasons as Sir John Thompson.

The other Arbitrators maintained their objections against any pelagic sealing during the month of July.

In consequence the amendment was not adopted.

Lord HANNEN asked that the extent of waters in which fur-seal fishing would be forbidden each year during the close season, limited to the South by the 35th degree of North latitude, be likewise limited to the West by the adoption of a boundary line in default of which Russia and Japan would be called upon to benefit gratuitously of the herd of seals frequenting their waters, by the prohibition imposed upon the subjects and citizens of Great Britain and of the United States.

He moved in consequence to insert in Article 2, after the words : *North of the 35th degree of North latitude*, the words : *and eastward of the 180th degree of lon-*

gitude from Greenwich till it strikes the water boundary described in Article I of the Treaty of 1867 between the United States and Russia, and following that line up to Behring Straits.

Baron DE COURCEL stated that if the authors of the draft had abstained from indicating a western boundary as claimed by Lord HANNEN, they had so acted out of regard for Russia and Ja, an, Powers not re, resented before the Tribunal of Arbitration, and towards the waters of whom it a, , eared not equitable to drive back the English and American pelagic sealers during the whole time of the close season. Nevertheless, as far as he was concerned he did not desire to do anything which might be , rejudicial to the , osition of Great Britain or of the United States, in the negotiation which the governments of these two counries might engage ultimately with Russia and Ja, an. In consequence he acce, ted the amendment , ro, osed by Lord HANNEN.

This amendment was unanimously agreed to.

The whole of Article 2 of the draft, modified and com, leted by the two amendments which had been made to it was voted affirmatively by the Baron DE COURCEL, Lord HANNEN, Sir JOHN THOMPSON, Marquis VISCONTI VENOSTA and Mr. GREGERS GRAM. Mr. Justice HARLAN and Senator MORGAN voted in the negative.

The text of Article 3 of the draft, after an exchange of views between the Arbitrators, was modified in its last , art. In , lace of the words : *canoes or small boats propelled wholly by oars,* the following words were substituted : *canoes or undecked boats, propelled by paddles, oars, or sails, as are in common use as fishing boats.*

This Article as modified was agreed to.

Article 4 of the draft was unanimously agreed to in its entirety.

Article 5 was also unanimously agreed to.

As to Article 6 it was asked that the two , hrases com, osing it be considered and voted u, on separately.

The first , hrase worded as follows : *The use of nets, fire arms and explosives shall be forbidden in the fur-seal fishing,* was voted in the affirmative by Baron DE COURCEL, Mr. JUSTICE HARLAN, Senator MORGAN, Marquis VISCONTI VENOSTA and Mr. GREGERS GRAM.

Sir John THOMPSON voted in the negative.

Lord HANNEN abstained, reserving unto himself to vote on the whole Article.

The second , hrase was worded as follows : *This restriction shall not apply to shot guns when such fishing takes place outside of Behring Sea.*

This , rovision was objected to by Sir John THOMPSON, who o, , osed the prohibition of shot guns in Behring's Sea or elsewhere; it was adopted by a majority of the Arbitrators composed of Baron DE COURCEL, Lord HANNEN, Marquis VISCONTI VENOSTA and Mr. GRAM.

Mr. Justice HARLAN and Senator MORGAN abstained from voting, objecting to the use of shot guns at all or in any of the waters traversed by these fur-seals.

The Tribunal decided that, in order to avoid a possible ambiguity, Article 6 would be completed by the addition of the following words, to be inserted at the end of the second phrase : *during the season when it may be lawfully carried on.*

Article 6 as a whole was voted for by a majority formed of Baron DE COURCEL, Lord HANNEN, Marquis VISCONTI VENOSTA and Mr. GREGERS GRAM. Mr. Justice HARLAN, Senator MORGAN and Sir John THOMPSON voted against it.

The text of Article 7 gave rise to observations from several of the Arbitrators, bearing upon the practical difficulty of obtaining a strict execution of this Article. Nevertheless that Article was voted for by a majority composed of all the Arbitrators, with the exception of Sir John THOMPSON, who voted against it.

As to Article 8, Senator MORGAN moved to strike out the whole of the said Article. This motion was negatived, Mr. Justice HARLAN and Senator MORGAN alone voting for it.

Mr. Justice HARLAN, expressed a desire to have the whole of Article 8 stricken out, but as that could not be done, he proposed to substitute the following text in place of that of the draft :

« The Regulations contained in the preceding articles shall not apply to
« Indians dwelling on the coasts of the territory of the United States or of Great
« Britain, and carrying on fur-seal fishing with spears or harpoons only, in
« canoes or undecked boats not transported by or used in connection with other
« vessels and propelled wholly by paddles or oars and manned by not more than
« two persons each in the way anciently practised by the Indians, provided such
« Indians are not in the employment of other persons and provided that, when
« so hunting in canoes or undecked boats, they shall not hunt fur-seals outside
« territorial waters under contract for the delivery of the skins to any person.

« This exemption shall not be construed to affect the Municipal law of either
« country, nor shall it extend to the waters of Behring Sea or the waters of the
« Aleutian Passes. »

The Arbitrators unanimously decided to take as a basis for the wording of Article 8, the text submitted by Mr. Justice Harlan.

Sir John THOMPSON moved to strike out of that text the words : *with spears or harpoons only.*

This su,,ression was voted by a majority composed of Baron DE COURCEL, Lord HANNEN, Sir JOHN THOMPSON, Marquis VISCONTI VENOSTA and Mr. GREGERS GRAM.

Mr. Justice HARLAN and Senator MORGAN voted against the su,,ression asked for, because they had the strongest objections to the use of fire arms by the Indians at any time or in any waters.

Sir JOHN THOMPSON moved to substitute for the words : *by paddles or oars,* the words : *by paddles, oars or sails.*

The ,ro,osed amendment was ado,ted by the Tribunal, Mr. Justice HARLAN and Senator MORGAN voting in the negative.

Sir JOHN THOMPSON ,ro,osed to substitute for the words: *manned by not more than two persons each,* the words : *manned by not more than five persons each.*

This amendment was voted by a majority formed of Baron de COURCEL, Lord HANNEN, Sir JOHN THOMPSON, Marquis VISCONTI VENOSTA and Mr. GREGERS GRAM.

Mr. Justice HARLAN and Senator MORGAN voted against it.

Mr. Justice HARLAN, moved as a com,romise to substitute for the words : *five persons,* the words *three persons.*

This modification, o,,osed by Sir JOHN THOMPSON, was negatived by the same majority which had voted the amendment.

Sir John THOMPSON, moved to substitute for the words: *in the way anciently practiced,* the words : *in the way hitherto practiced.*

This amendment was o,,osed by Mr. Justice HARLAN and Senator MORGAN, and was voted by a majority formed of all the other Arbitrators.

Sir JOHN THOMPSON moved to add to the text before the Tribunal a ,aragra,h worded as follows :

Nothing herein contained is intended to interfere with the employment of Indians, as hunters, or otherwise, in connection with fur sealing vessels as heretofore.

This addition was unanimously ado,ted.

Senator MORGAN ,ro,osed to add at the end of the second paragra,h of Article 8, after the words : *or the waters of the Aleutian Passes,* the following words: *Nor shall it be operative in favour of such Indians prior to the 1st January 1895.*

This ,roposition su,,orted by Senator MORGAN and Mr. Justice HARLAN, was negatived by a majority of the Arbitrators, formed of Baron DE COURCEL, Lord HANNEN, Sir JOHN THOMPSON, Marquis VISCONTI VENOSTA and Mr. GREGERS GRAM.

As to Article 9, Sir JOHN THOMPSON moved to substitute for the text actually being considered by the Arbitrators, the text which a,,eared as Article 6 of the draft of Regulations ,ro,osed by himself and which reserved to the two Governments of Great Britain and of the United States, the right of denouncing the Regulations to be established, at the end of a ,eriod of ten years, and then from year to year.

After deliberation, the Arbitrators, other than Sir JOHN THOMPSON, decided to reject this motion, and continued to the consideration of the text of Article 9, ,resented by Baron DE COUR.EL, Marquis VISCONTI VENOSTA and Mr. GREGERS GRAM.

This text was voted by all the Arbitrators with the exception of Sir JOHN THO... ... who voted against it.

The Tribunal having thus settled the wording of each of the articles intended to a,,ear in the Regulations ,re,ared in conformity with Article VII of the Treaty of February 29, 1892, decided to ,roceed to vote u,on the whcle of the nine articles of these Regulations.

The whole of the Regulations as amended were voted by Baron DE COURCEL, Lord HANNEN, Marquis VISCONTI VENOSTA, and Mr. GREGERS GRAM.

Sir JOHN THOMPSON, Mr. Justice HARLAN and Senator MORGAN voted against them as an entirety, although a,,roving certain ,arts of them.

In consequence, the whole Regulations were ado,ted, and the Tribunal decided to incor,orate the text in the Award, with the following statement ,receding it :

« And whereas the aforesaid determination of the foregoing questions as to
« the exclusive jurisdiction of the United States mentioned in Article VI leaves
« the subject in such a ,osition that the concurrence of Great Britain is neces-
« sary to the establishment of Regulations for the proper ,rotection and
« ,reservation of the fur-seal in or habitually resorting to the Behring Sea,
« the Tribunal having decided by a majority as to each Article of the following
« Regulations, We, the said Baron DE COURCEL, Lord HANNEN, Marquis VIS-
« CONTI VENOSTA and Mr. GREGERS GRAM, assenting to the whole of the nine
« Articles of the following Regulations, and being a majority of the said Arbi-
« trators, do decide and determine in the mode ,rovided by the Treaty, that
« the following concurrent Regulations outside the jurisdictional limits of the
« res,ective Governments are necessary and that they should extend over the
« waters hereinafter mentioned, that is to say : »

The Arbitrators then ,roceeded to the consideration of a ,roject of Declarations, in connection with the Regulations, which Baron DE COURCEL in his

name as in that of Marquis Visconti Venosta and Mr. Gregers Gram, proposed to the Tribunal to refer to the Governments of the United States and Great Britain, for their consideration. This project is worded as follows :

« Declarations made by the Tribunal of Arbitration and referred to the Govern-
« ments of the United States and Great Britain for their consideration.

« The Arbitrators declare that the concurrent Regulations, as determined upon
« by the Tribunal of Arbitration, by virtue of Article VII of the Treaty of the
« 29th of February 1892, being applicable to the high sea only, should, in their
« opinion, be supplemented by other Regulations applicable within the limits
« of the sovereignty of each of the two Powers interested and to be settled by
« their common agreement.

II

« In view of the critical condition to which it appears certain that the race of
« fur-seals is now reduced in consequence of circumstances not fully known, the
« Arbitrators think fit to recommend both Governments to come to an under-
« standing in order to prohibit any killing of fur-seals, either on land or at sea,
« for a period of two or three years, or at least one year, subject to such excep-
« tions as the two Governments might think proper to admit of.
« Such a measure might be recurred to at occasional intervals if found bene-
« ficial.

III

« The Arbitrators declare moreover that, in their opinion, the carrying out of
« the Regulations determined upon by the Tribunal of Arbitration, should be
« assured by a system of stipulations and measures to be enacted by the two
« Powers; and that the Tribunal must, in consequence, leave it to the two Powers
« to decide upon the means for giving effect to the Regulations determined
« upon by it.

« We do certify this English version to be true and accurate and have signed
« the same at Paris this   day of August 1893 ».

The first and third of the proposed Declarations were unanimously adopted without modification.

As concerns the second, Lord Hannen, although approving the spirit in which it is conceived, and although regarding as very desirable that the destruction of fur-seals might be entirely suspended during a certain ,eriod of time, so as to enable nature to retrieve the losses which this race of animals has undergone, declared that he does not feel authorized by the terms of his mandate, to ex,ress an o,inion on the subject.

Sir JOHN THOMPSON looked u,on the subject in the same light as Lord HANNEN.

The other Arbitrators ado,ted the second Declaration and it was decided that the text of the three Declarations should be handed, at the same time as the Award, but in a se,arate document, to the Agents of the two Governments of the United States of America and of Great Britain, to be transmitted by them to their res,ective Governments.

Passing to the consideration of the questions of fact which had been referred to it by the Britannic Government, by virtue of Article VIII of the Treaty of February 29th 1892, the Tribunal noticed that the Agent and Counsel of the Government of the United States had admitted that the statement of facts submitted by the Agent of the Government of Great Britain was confirmed by the evidence, and had declared themselves in accord with the Agent and Counsel of the Government of Great Britain to leave it to the Tribunal to declare and ,ronounce true, as far as it might judge ,ro,er, the said statement of facts.

The Arbitrators, after deliberating, in consequence, u,on the facts submitted to the Tribunal, decided unanimously that the said facts, as related in the above mentioned statement, are true.

The Arbitrators then ,roceeded with the final wording of the Award so as to make the Award agree with each of the decisions arrived at by a majority of votes on each of the questions submitted to the Tribunal, taking as a basis of this wording, as it had been agreed, the form ,re,ared by Lord HANNEN.

It was distinctly agreed that the Arbitrators who found themselves in the minority on certain questions were not to be understood as withdrawing their votes. Under this reservation, the final text of the Award was fixed and settled, by a unanimous vote of the Arbitrators, in the form annexed to the ,resent Protocol [1].

The Tribunal decided, unanimously, that in conformity with the directions of the Treaty of February 29th 1892, two co,ies of the Award should be pre,ared and signed to be handed to the two Agents of the United States of America and of Great Britain, and that a third co,y should also be ,re,ared

[1] For the *Award* (English version), see page 17.

and signed to be filed in the Archives of the Arbitration, which will remain confided to the French Government.

A similar decision was adopted as regards the Declarations [1].

Mr. Justice HARLAN then submitted the following motion which was adopted by a unanimous vote of the Arbitrators :

« The right is reserved to each Arbitrator to file with the Secretary of this « Tribunal, at any time after its adjournment, and before the 1st day of Janua- « ry 1894, an opinion or opinions upon the questions or any of them « submitted for determination, and such opinion or opinions shall be regarded « as an annex to this Protocol. »

The Tribunal decided to meet on Tuesday, August 15th at 10 a. m., with closed doors, for the signature of the Award and the Declarations and imme- diately thereafter, in public meeting, for the delivery of the Award and the Declarations to the Agents of the two Governments.

Done at Paris, the 14th of August 1893, and signed :

The President : ALPH. DE COURCEL.

The Secretary : A. IMBERT.

Translation certified to be accurate:

A. BAILLY-BLANCHARD.

H. CUNYNGHAME.

} Co-Secretaries.

---

[1] For the *Declarations* (English version), see page 33.

PROTOCOLE LV.

1. Tribunal s'est réuni à 10 heures, à portes closes, tous les Arbitres étant présents.

Les sept Arbitres ont signé la Sentence définitive du Tribunal en trois exemplaires sur parchemin, un de ces exemplaires étant destiné à être remis à chacune des deux Parties, en exécution des dispositions du Traité, et le troisième destiné, en vertu d'une décision antérieure du Tribunal, à être conservé dans les archives de l'Arbitrage, confiées à la garde du Gouvernement Français.

Le texte original était accompagné d'une version anglaise que les sept Arbitres ont certifiée, par leurs signatures, être véritable et exacte.

Les sept Arbitres ont signé de même, en triple exemplaire sur parchemin, les Déclarations présentées par eux aux deux Gouvernements des États-Unis et de la Grande-Bretagne, et en ont certifié véritable et exacte la version anglaise.

Lord HANNEN et Sir JOHN THOMPSON ont fait précéder leur signature d'une mention constatant qu'ils approuvaient seulement la première Déclaration et la troisième.

Les Arbitres ont ensuite examiné une demande qui leur avait été transmise par les Agents des États-Unis et de la Grande-Bretagne, à l'effet de fixer les allocations qu'il convenait d'attribuer aux Secrétaires qui ont assisté le Tribunal dans ses travaux, et ils ont dressé l'état de ces allocations, qui a été remis aux Agents des deux Gouvernements, par les soins du Juge Harlan et de Sir John Thompson.

A 11 heures, la séance à portes closes a pris fin et a été immédiatement suivie d'une séance publique.

Tous les Arbitres étaient présents, ainsi que les Agents des Gouvernements des États-Unis d'Amérique et de la Grande-Bretagne.

Sur l'invitation du Président, M. IMBERT, Secrétaire du Tribunal, a remis à l'Honorable JOHN W. FOSTER, Agent du Gouvernement des États-Unis d'Amérique, l'exemplaire signé de la Sentence du Tribunal, destiné au Gouvernement des États-Unis.

M. IMBERT a ensuite remis à l'Honorable CHARLES H. TUPPER, Agent de Sa Majesté Britannique, l'exemplaire signé de la Sentence du Tribunal, destiné au Gouvernement de Sa Majesté Britannique.

Les deux exemplaires des Déclarations des Arbitres, signés par eux et destinés aux Gouvernements des États-Unis d'Amérique et de la Grande-Bretagne, ont été remis dans la même forme aux Agents des deux Gouvernements.

Le Président prononce alors les paroles suivantes :

« MESSIEURS,

« Nous sommes arrivés au bout de notre tâche. Nous avons fait de
« notre mieux pour l'accomplir, sans nous dissimuler les difficultés qui
« la compliquaient ni les lourdes responsabilités qu'elle faisait peser
« sur nous.

« Choisis parmi des nationalités différentes, nous ne nous sommes
« considérés comme les représentants d'aucune d'elles, ni d'aucun
« Gouvernement, ni d'aucune puissance humaine, mais seulement de
« notre conscience et de notre raison, et nous avons voulu agir comme
« un de ces conseils de prud'hommes dont les anciens Capitulaires de
« France définissaient avec tant de sollicitude les devoirs.

« Pour nous assister, nous avons eu à notre disposition toute une
« bibliothèque de documents, compilés avec un soin extrême, et afin
« que nous ne perdissions pas notre route dans cette abondance de
« sources d'information, des hommes tenant un haut rang, parmi les
« plus savants jurisconsultes et les orateurs les plus éloquents dont
« puissent se vanter l'ancien et le nouveau monde, ont bien voulu nous
« prodiguer leurs conseils.

« Pendant des semaines et des mois, notre travail s'est prolongé, et
« toujours il semblait que quelque matière nouvelle surgissait devant
« nous, que quelque nouveau problème s'imposait à nos méditations.

« Aujourd'hui, en ce jour de grande fête, nous nous sommes assem-
« blés pour vous communiquer le résultat de nos travaux, souhaitant
« du fond de nos cœurs qu'il soit profitable aux hommes, et conforme
« aux vues de Celui qui règle leurs destinées.

« Nous savons que notre œuvre n'est point parfaite; nous en sentons
« les défauts, inhérents à toute œuvre humaine, et nous avons conscience
« de sa fragilité, dans certaines parties tout au moins, où nous devions
« nous baser sur des circonstances nécessairement variables.

« Les Déclarations que nous remettons aujourd'hui aux deux Agents,

« et que nous espérons devoir être prises en considération par leurs
« Gouvernements, indiquent quelques-uns des motifs de cette imper-
« fection nécessaire.

« Nous nous sommes efforcés de maintenir intacts les principes fon-
« damentaux de cet auguste Droit des Gens, qui s'étend comme la voûte
« des cieux au-dessus de toutes les nations, et qui emprunte les lois de
« la nature elle-même pour protéger les uns à l'égard des autres les
« peuples de la terre, en leur inculquant les prescriptions d'un bon
« vouloir mutuel.

« Dans les Règlements que nous étions chargés de composer, nous
« avons eu à décider entre des droits divergents, et entre des intérêts
« qu'il était difficile de concilier. Les Gouvernements des États-Unis
« d'Amérique et de la Grande-Bretagne ont promis de bonne grâce
« d'accepter et d'exécuter nos décisions. Notre désir est que cet enga-
« gement volontaire ne laisse de regrets à aucune de ces Puissances,
« bien que nous ayons demandé à toutes deux ce qu'elles regarderont
« peut-être comme de sérieux sacrifices. Cette partie de notre œuvre
« consacre une grande innovation.

« Jusqu'ici les Nations étaient d'accord pour laisser en dehors de toute
« législation particulière le vaste domaine des mers. Ainsi, autrefois, à
« ce que racontent les poètes, la terre elle-même était commune entre
« tous les hommes, qui en recueillaient les fruits à leur gré, sans
« limitation ni contrôle. Vous savez qu'aujourd'hui même des rêveurs
« croient pouvoir ramener l'humanité à cet âge d'or. Cependant la mer,
« après la terre, est devenue petite pour les hommes, qui, pareils au
« héros Alexandre, et non moins ardents au travail qu'il ne l'était pour
« la gloire, s'agitent dans un monde trop étroit. Notre œuvre est un
« premier essai de partage des produits jusqu'ici indivis de l'Océan, une
« réglementation appliquée à des biens qui échappaient à toute autre
« loi que celle du premier occupant. Si cet essai réussit, sans doute
« il sera suivi d'imitations nombreuses, jusqu'à ce que la planète entière,
« sur les eaux comme sur les continents, soit devenue l'objet d'une
« jalouse répartition. Alors, peut-être, la conception de la propriété
« changera parmi les hommes.

« Avant de déposer le mandat que nous tenons de la confiance de
« deux grandes Nations, nous désirons adresser le témoignage de notre
« reconnaissance à tous ceux dont les efforts ont eu pour but de faci-
« liter l'accomplissement de notre tâche, et particulièrement à Messieurs

« les Agents et les Conseils des deux Gouvernements des États-Unis
« d'Amérique et de la Grande-Bretagne.

« Et maintenant, qu'il soit permis à un Français de se servir du mot
« qu'employaient ses ancêtres, alors qu'ils chantaient le roman de leur
« grand Empereur, et de vous dire à tous, Messieurs : Gardez bon sou-
« venir de la douce France ! »

Lord HANNEN se lève ensuite et dit, en s'adressant au Président :

« Monsieur de Courcel, au nom de vos Collègues de tout à l'heure, je
« dois vous dire combien nous regrettons que l'absence de Paris du Pré-
« sident de la République française et de M. Develle nous empêche de
« leur rendre visite avant de quitter cette ville où nous avons été traités
« avec tant de cordialité. Il nous faut vous prier, comme le Membre
« français de ce Tribunal d'Arbitrage qui se dissout aujourd'hui, de
« porter au Président et au Gouvernement français le témoignage de nos
« sentiments de profonde gratitude pour la réception si gracieuse et la
« généreuse hospitalité qui nous ont été accordées. Nos remerciements
« doivent s'adresser tout spécialement à M. Develle qui, au prix de tant
« d'embarras pour lui-même, nous a donné dans ce palais un si superbe
« domicile, et nous lui présentons nos excuses pour avoir si longtemps,
« quoique bien involontairement, abusé de son amabilité.

« Maintenant, Monsieur de Courcel, j'ai à remplir un devoir dont je
« m'acquitte avec une satisfaction toute particulière. J'ai à vous dire à
« quel point nous avons apprécié la manière dont vous avez présidé nos
« délibérations. Le public a eu l'occasion d'observer la sagacité, la
« science et la courtoisie avec lesquelles vous avez dirigé nos débats
« durant les plaidoiries. Vos Collègues seuls ont pu se rendre compte
« des services que ces qualités nous ont rendus dans nos conférences
« secrètes. Laissez-moi ajouter que nos relations intimes avec vous nous
« ont appris à vous considérer avec la plus haute estime et la plus
« chaude affection. Permettez-moi de vous dire que vous avez gagné en
« chacun de nous un ami dévoué.

« Je ne puis conclure sans dire quelques mots de la mémorable
« occasion qui nous a réunis ici. Nous avons confiance que le résultat
« de notre œuvre sera tel que nous aurons pris part à un grand événe-
« ment historique, fécond en heureux résultats pour le monde. Deux
« grandes nations, en soumettant leurs différends à l'arbitrage, ont
« donné un exemple qui, je n'en doute pas , sera suivi à l'occasion par

« d'autres; ainsi le fléau de la guerre sera évité de plus en plus. Peu de
« gens peuvent être assez optimistes pour espérer que toutes les que-
« relles internationales pourront bientôt être réglées par l'arbitrage
« au lieu d'être tranchées par le terrible jugement de la guerre. Mais
« toute occasion où cette méthode pacifique sera employée rapprochera
« le moment où elle fera la règle et non plus l'exception.

« Un de nos poètes a dit : « Toute prière pour la paix universelle
« contribue à hâter sa venue ».

« Nous avons fait mieux que de nous joindre à ces prières; nous
« pouvons espérer que nous avons été les humbles instruments par
« l'action desquels une réponse a été donnée à la supplication qui,
« nous en avons la certitude, s'élève des cœurs de ces deux nations
« sœurs, pour demander que la paix règne toujours entre elles.

« Je vous dis de tout cœur adieu ».

Le Sénateur MORGAN prend la parole pour s'associer aux sentiments
dont Lord Hannen s'est fait l'interprète :

« Les Arbitres désignés par les États-Unis d'Amérique,   'l, se
« joignent bien sincèrement à Lord Hannen dans l'heureuse   sion
« qu'il vient de faire de ses sentiments de gratitude pour la magnifique
« hospitalité du Gouvernement et du Peuple français. Pendant les longs
« mois où nous avons été leurs hôtes et où nous avons joui de la pro-
« tection de leurs lois, nous avons été les témoins de leur grande et
« splendide civilisation, et l'accueil que nous avons reçu n'a pas cessé
« d'être cordial; nous en avons pleinement conscience.

« Si nous envisagions d'une façon étroite les résultats de cet Arbi-
« trage, nous pourrions regretter pour les États-Unis que les questions
« juridiques soumises à notre examen n'aient pas été présentées d'une
« manière plus large dans le Traité signé entre les deux grandes Puis-
« sances contractantes.

« Au moment où ce Traité était en voie de préparation, l'occasion se
« présentait d'examiner, sous un jour plus équitable, les droits que
« devraient avoir les Nations dont les îles et les côtes sont fréquentées
« par les phoques à fourrure, en quête d'un lieu de séjour et d'un abri
« pendant la saison d'été, à posséder et à protéger ces phoques, en
« vertu des règles légales universellement appliquées aux animaux qui,
« en raison de leur utilité à l'homme, sont classés comme animaux
« domestiques ou domestiqués.

« Mon collègue américain et moi-même étions d'accord sur ce point

« que le Traité nous permettait de considérer ce sujet sous l'aspect le
« plus large. Toutefois, nos Honorables Collègues n'ont pas envisagé
« de la même façon l'étendue du devoir imposé au Tribunal d'après
« le Traité. Ils ont été d'avis que les questions de droit de propriété
« et de protection des phoques à fourrure devaient être examinées
« d'après l'état actuel du droit, et, n'ayant trouvé aucun précédent dans
« la loi internationale, ils ne se sont pas crus autorisés à en créer un.

« Comme, selon eux, les droits réclamés par les États-Unis ne
« pouvaient avoir d'autre base que la loi internationale, et comme cette
« loi était muette sur ces points, ils n'ont pu trouver aucun fondement
« légal aux droits réclamés, en tant que ces droits s'étendraient au delà
« de la limite de juridiction territoriale des États-Unis.

« Les décisions adoptées en conséquence ont obligé le Tribunal à
« faire usage du pouvoir qui lui était conféré d'établir, en vertu de la
« délégation des Gouvernements, et conformément aux dispositions du
« Traité, des Règlements destinés à conserver et à protéger les phoques
« à fourrure. Dans ce champ d'expériences, nouveau et encore inex-
« ploré, ont surgi de grandes difficultés résultant du conflit d'intérêts
« d'une haute importance, et ces difficultés se sont accrues de l'incerti-
« tude relative aux faits sur lesquels pouvaient être basés des Règle-
« ments, qui devaient à la fois tenir compte des intérêts en jeu, et
« assurer une protection et une préservation convenables aux phoques
« à fourrure.

« Les États-Unis comprendront parfaitement et apprécieront ces
« difficultés, et ils accepteront la Sentence finale du Tribunal, comme
« étant le meilleur résultat qu'il ait été possible d'atteindre dans ces
« conditions

« Grâce aux Règlements adoptés par le Tribunal, une protection très
« étendue est assurée au troupeau de phoques à fourrure de l'Alaska,
« et la suppression effective de l'emploi des armes à feu dans la chasse
« en haute mer est une sérieuse et sage garantie que la jouissance d'in-
« térêts parallèles ne mettra pas en péril sérieux la paix des deux
« Nations.

« Les Arbitres désignés par les États-Unis éprouvent la satisfaction
« la plus vive à rendre témoignage à leurs Collègues du Tribunal de
« leur science, de leur intégrité, de leur patience, de leur activité et de
« leur stricte impartialité.

« Nos travaux ont été longs et ardus, mais ils ont été facilités par les

« sentiments de constante courtoisie et de bon vouloir mutuel dont ont
« fait preuve tous les membres du Tribunal.

« Nous espérons que les fondements posés par nous dans ce nouveau
« champ d'entente internationale serviront à des résultats à venir encore
« plus larges et meilleurs.

« Nous avons contracté, envers le Président de ce Tribunal, une
« dette de reconnaissance pour la patience et la grande habileté avec
« lesquelles il s'est acquitté de ses fonctions si difficiles.

« Les Agents des deux Gouvernements ont préparé, au prix d'un
« grand travail, et avec une science peu commune, un exposé de tous
« les faits à leur portée, susceptibles de jeter quelque lumière sur les
« questions en discussion, et les Conseils, avec cette habileté signalée
« qui leur a conquis, dans d'autres circonstances, une haute renommée,
« ont mis en valeur la multitude de documents ainsi amassés.

« Conscients d'avoir fait tout ce qui dépendait de nous pour arriver
« à des conclusions justes et salutaires, nous terminons nos travaux
« dans l'espoir qu'ils seront accueillis favorablement par toutes les
« nations. »

Le Président dit qu'il accepte volontiers la mission de transmettre à
M. le Président de la République Française et à M. Develle les remerciements des membres du Tribunal d'Arbitrage.

Il remercie pour son compte personnel Lord Hannen et le Sénateur
Morgan des sentiments qu'ils ont bien voulu exprimer à son égard.

Il annonce que le Tribunal a terminé ses travaux.

La séance est levée à midi.

Fait à Paris, le 15 août 1893, et ont signé :

Le Président : ALPH. DE COURCEL.

L'Agent des États-Unis : JOHN W. FOSTER.

L'Agent de la Grande-Bretagne : CHARLES H. TUPPER.

Le Secrétaire : A. IMBERT.

PROTOCOL LV.

MEETING OF TUESDAY, AUGUST 15ᵗʰ 1893.

The Tribunal assembled, with closed doors, at 10 a. m., all the Arbitrators being present.

The seven Arbitrators signed the final Award of the Tribunal, in triplicate copies on parchment, one of these copies being for each of the Parties, in conformity with the directions of the Treaty, and the third, by virtue of a previous decision of the Tribunal, to be preserved in the archives of the Arbitration confided to the safe keeping of the French Government.

The original text was accompanied by an English version which the seven Arbitrators have certified by their signatures thereto as being true and accurate.

The seven Arbitrators also signed, in triplicate copies, on parchment, the declarations to be referred by them to the two Governments of the United States and of Great Britain and certified the English version thereof to be true and accurate.

Lord HANNEN and Sir JOHN THOMPSON, while signing, stated in writing that they approved only Declarations I and III.

The Arbitrators then considered a request which had been transmitted to them by the Agents of the United States and of Great Britain, to settle the allowances which it would be proper to make to the Secretaries who had assist d the Tribunal in its labours, and drew up a statement of these allowances, which was handed to the Agents of the two Governments, through the care of Mr. Justice Harlan and of Sir John Thompson.

A 11 o'clock, the meeting with closed doors came to an end and was immediately followed by a public meeting.

All the Arbitrators were present, also the Agents of the Governments of the United States of America and of Great Britain.

Upon the request of the President, Mr. IMBERT, Secretary of the Tribunal, handed to the Honourable JOHN W. FOSTER, Agent of the Government of the United States of America, the signed copy of the Award of the Tribunal intended for the Government of the United States.

Mr. IMBERT then handed to the Honourable CHARLES H. TUPPER, Agent of Her Britannic Majesty, the signed copy of the Award of the Tribunal, intended for the Government of Her Britannic Majesty.

The two copies of the Declarations of the Arbitrators, signed by them and

3ₒ.

intended for the Governments of the United States of America and of Great Britain, were handed in the same form to the Agents of the two Governments.

The President then spoke as follows:

« Gentlemen,

« Now we have come to the end of our task. We have done our best to accomplish it, without concealing from ourselves the difficulties which complicated it, nor the heavy responsibilities which it has imposed upon us. Selected from various nationalities, we have not considered ourselves the representatives of any one in particular, nor of any Government or any human power, but, solely guided by our conscience and our reason, we have wished only to act as one of those councils of wise men, whose duties were so carefully defined by the old Capitularies of France.

« To assist us, we have had at our disposition a library of documents, compiled with extreme care, and in order that we might not lose our way among so many sources of information, men holding a high rank among the most learned jurists and eloquent orators of which the Old or New Worlds could boast, have been willing so liberally to bestow upon us their advice.

« During weeks and months our labors have been prolonged, and it constantly appeared that some new matter had risen before us and that some new problem pressed upon our attention.

« To-day, on this great Holiday, we are assembled to inform you of the result of our labors, hoping with all our hearts that they may be profitable to man, and conformable to the designs of Him who rules his destiny.

« We know that our work is not perfect; we feel its defects, which must be inherent in all human efforts, and are conscious of its weakness, at least in certain points as to which we had to base our action on circumstances necessarily liable to change.

« The Declarations which we offer to-day to the two Agents and which we hope will be taken into consideration by their Governments, indicate some of the causes of the necessary imperfection which we have mentioned.

« We have felt obliged to maintain intact the fundamental principles of that august Law of Nations, which extends itself like the vault of heaven above all countries, and which borrows the laws of nature herself to protect the peoples of the earth one against another, by inculcating in them the dictates of mutual good will.

« In the Regulations which we were charged to draw up, we have had to decide between conflicting rights and interests which it was difficult to reconcile. The Governments of the United States of America and Great Britain have

« ,romised to acce,t and execute our decisions. Our desire is that this volun-
« tary engagement may not cause regret to either of them, though we have
« required of both sacrifices which they may, ,erhaps, regard as serious. This
« ,art of our work inaugurates great innovation.

« Hitherto, the Nations were agreed to leave out of s,ecial legislation the
« vast domain of the seas, as in times of old, according to the ,oets, the earth
« itself was common to all men, who gathered its fruits at their will, without
« limitation or control. You know that even to-day dreamers believe it ,ossible
« to bring back humanity to that Golden Age. The sea, howewer, like the
« earth, has become small for men, who, like the hero Alexander, and
« no less ardent for labour than he was for glory, feel confined in a world
« too narrow. Our work is a first attem,t at a sharing of the ,roducts of the
« Ocean, which has hitherto been undivided, and at a,,lying a rule to
« things wich esca,ed every other law but that of the first occu,ant. If this
« attem,t succeeds, it will doubtless be followed by numerous imitations, until
« the entire ,lanet, until the waters as well as the continents will have become
« the subject of a careful ,artition. Then, ,erhaps, the conce,tion of ,ro,erty
« may change amongst men.

« Before laying down the mandate wich we have received in trust from two
« great Governments, we desire to offer our gratitude to all those whose efforts
« had for their object to facilitate the accom,lishment of our task, and es,e-
« cially to the Agents and Counsel of the two Governments of the United States
« of America and Great Britain.

« And now, a Frenchman may be ,ermitted to use a word which his ancestors
« em,loyed when they sung the lay of their great Em,eror, and to say to all
« of you, Gentlemen : May you retain a kind remembrance of sweet France ! »

¡ Lord HANNEN, then addressing the President, said · ..

« Mr. de Courcel, on behalf of your late Colleagues, I have to ex,ress my
« great regret that the absence of the President of the French Re,ublic and
« Mr Develle, from Paris, ,revents our waiting u,on them before leaving this
« city where we have been so kindly treated. We must therefore beg you, as
« the French member of the late Tribunal of Arbitration, to convey to the
« President and to the French Government the ex,ression of our sentiments
« of ,rofound gratitude for the gracious rece,tion and generous hos,itality
« which they have extended to us. Our thanks are s,ecially due to Mr. Develle,
« who, so much to his own inconvenience, has ,rovided us in this ,alace with
« so s,lendid a domicil, and we offer him our a,ologies for having so long,
« though involuntarily, trespassed on his kindness.

« And now, Mr. de Courcel, I have to discharge a duty which gives me

« peculiar satisfaction. I have to express to you our high appreciation of the
« manner in which you have presided over our deliberations. The public has
« had the opportunity of witnessing the sagacity, the learning and the courtesy
« with which you have guided the proceedings during the arguments. Your
« Colleagues only can know how greatly those qualities. have assisted us in
« our private conferences. Let me add that our intimate relations with you
« have taught us to regard you with the warmest esteem and affection. Permit
« me to say that you have won in each of us an attached friend.

« I must not conclude without an allusion to the remarkable occasion which
« has brought us together. We trust that the result will prove that we have
« taken part in a great historical transaction fruitful in good for the world. Two
« great nations, in submitting their differences to arbitration, have set an
« example which I doubt not will be followed from time to time by others, so
« that the scourge of war will be more and more repressed. Few can be so
« sanguine as to expect that all international quarrels will be speedily settled
« by arbitration, instead of by the dread arbitrament of war. But each occasion
« on which the peaceful method is adopted will hasten the time when it will
« be the rule and not the exception.

« One of our poets has said that every prayer for universal peace avails to
» expedite its coming.

« We have done more than join in such a supplication; we may hope that
« we have been the humble instruments through whom an answer has been
« granted to that prayer which I doubt not ascends from the hearts of these two
« kindred nations, that peace may for ever prevail between them.

« I bid you heartily farewell. »

Senator MORGAN then addressed the following remarks to express his share
in the sentiments which Lord Hannen had just interpreted :

« The Arbitrators on the part of the United States most sincerely unite in
« the very happy expressions that have fallen from Lord Hannen, of grateful
« appreciation of the splendid hospitality of the French Government and people.
« We have been their guests for many months, and have been under the shelter
« of their laws and in the presence of their grand and beautiful civilization,
« and during all that time we have felt that our welcome did not cease to be
« cordial.

« If we should take a narrow view of the results of this Arbitration, the United
« States would have a regret that the important judicial questions we have been
« considering were not stated in a broader form in the Treaty between these
« great Powers. The opportunity was offered when the Treaty was in process of
« formation, to have presented in a more equitable light, the rights of the nations

« to whose islands and coasts the fur-seals habitually resort for places of abode
« and shelter in the summer season, to control and protect them under the
« legal rules and intendments that apply universally to the animals that are
« classed as domestic, or domesticated animals, because of their usefulness to
« men.

« My Colleague and I concurred in the view, that the Treaty presented this
« subject for consideration in its broadest aspect. Our Honourable Colleagues,
« however, did not so construe the scope of the duty prescribed to the Tribu-
« nal, by the Treaty. They considered that these questions of the right of
« property and protection in respect to the fur-seals, were to be decided upon
« the existing state of the law, and, finding no existing precedent in the inter-
« national law, they did not feel warranted in creating one.

« As the rights claimed by the United States could only be supported by
« international law, in their estimation, and inasmuch as that law is silent on
« the subject, they felt that, under the Treaty, they could find no legal foun-
« dation for the rights claimed, that extended beyond the limits of the
« territorial jurisdiction of the United States.

« This ruling made it necessary to resort to the power conferred upon the
« Tribunal to establish, by the authority of both Governments, Regulations for
« the preservation and protection of the fur-seals, to which the Treaty relates.
« In this new and untried field of experiment, much embarrassment was found
« in conflicting interests of an important character, and yet more difficulty in the
« uncertainty as to the facts upon which regulations could be based that would
« be, at once, just to those interests, and would afford to the fur-seals proper
« preservation and protection.

« The United States will fully understand and appreciate those difficulties,
« and will accept the final Award as the best possible result, under existing con-
« ditions. A very large measure of protection is secured by the Regulations
« adopted by the Tribunal to the Alaskan herd of fur-seals; and the virtual
« repression of the use of fire arms in pelagic sealing is an earnest and wise
« guarantee that those common interests may be pursued without putting in
« serious peril the peace of the two countries.

« It is a great pleasure to the Arbitrators appointed on the part of the United
« States that they can bear the highest testimony to the ability, integrity,
« patience, industry and judicial impartiality of their Colleagues in this Tri-
« bunal.

« Our labours have been arduous and protracted, but have been attended
« with uniform courtesy, and good feeling on the part of all the Members of
« the Tribunal.

« We hope for still broader and better results from the foundations we have
« laid in this new field of international agreements.

« To the President of the Tribunal we owe a debt that we gratefully acknow
« ledge, that he has so patiently and with such distinguished ability, discharged
« the difficult duties of his position.

« The Agents of the respective Governments, have prepared, at great expense
« of labour, and with unusual skill and industry, every available fact that would
« throw any light upon the matters in controversy, and the Counsel have dealt
« with the great masses of evidence so prepared, with that marked ability for
« which they have become renowned upon other occasions. Conscious of having
« done all we could to reach conclusions that are just and will be salutary, we
« close our labours in the hope that they will be acceptable to all nations. »

The President thereupon said that he cheerfully accepted the mission to
transmit to the President of the French Republic and to Mr Develle the
thanks of the Members of the Tribunal.

He thanked personally Lord Hannen and Senator Morgan for the sentiments
which they had expressed concerning himself.

He then announced that the Tribunal had closed its labours, and at 12 m.
the Tribunal adjourned *sine die*.

Done at Paris, the 15th of August 1893, and signed :

The President : ALPH. DE COURCEL.

The Agent for the United States : JOHN W. FOSTER

The Agent for Great Britain : CHARLES H. TUPPER.

The Secretary : A. IMBERT.

Translation certified to be accurate :

A. BAILLY-BLANCHARD.

H. CUNYNGHAME. } Co-Secretaries.

.

Lightning Source UK Ltd.
Milton Keynes UK
UKHW021258210119
335934UK00012B/586/P